MANUTENÇÃO ASSISTIDA

A convergência digital entre gestão de ativos, confiabilidade e pessoas na **Indústria 4.0**

MANUTENÇÃO ASSISTIDA

A convergência digital entre gestão de ativos, confiabilidade e pessoas na **Indústria 4.0**

Fauzi Mendonça & Igor Marinelli

QUALITYMARK

Produção Editorial	Direção Editorial
EQUIPE QUALITYMARK	**SAIDUL RAHMAN MAHOMED** editor@qualitymark.com.br
Editoração e Arte Final	Capa e Ilustração
RODRIGO BARBOZA	**MARINA DE ARAUJO**

Dados Internacionais de Catalogação na Publicação (CIP)
(Câmara Brasileira do Livro, SP, Brasil)

Mendonça, Fauzi
Manutenção assistida : a convergência digital entre gestão de ativos, confiabilidade e pessoas na Indústria 4.0 / Fauzi Mendonça, Igor Marinelli. -- Rio de Janeiro : Qualitymark Editora, 2025.

Bibliografia.
ISBN 978-85-414-0459-4

1. Competitividade 2. Engenharia 3. Indústria 4. Inovações tecnológicas 5. Manutenção I. Marinelli, Igor. II. Título.

25-289259 CDD-620

Índices para catálogo sistemático:

1. Manutenção : Engenharia 620

Eliane de Freitas Leite - Bibliotecária - CRB 8/8415

2025
IMPRESSO NO BRASIL

Qualitymark Editora Ltda.
Rua Carlos Machado, 155 / Sala 207
Polo Cine e Video - Jacarepaguá
CEP: 22775-042 - Rio de Janeiro - RJ

www.qualitymark.com.br
E-mail: sac@qualitymark.com.br
Tels.: (21) 3597-9055 / 3597-9056
WhatsApp - 21 981989843

SOBRE OS AUTORES

FAUZI MENDONÇA

Fundador da Revista Manutenção, é graduado em **Engenharia Eletrônica** com ênfase em Automação e Controle Industrial pela Faculdade Anhanguera de Tecnologia (FAT) de São Bernardo, pós-graduado em **Engenharia de Manutenção** pela Universidade Norte do Paraná (UNOPAR) e em **Engenharia de Confiabilidade** pela Universidade Tecnológica Federal do Paraná (UTFPR). Atua desde a virada do milênio com Planejamento e Controle de Manutenção (PCM) em empresas de médio e grande porte, nacionais e multinacionais, de diversos segmentos da indústria e da prestação de serviços. Durante sua trajetória profissional, edificou notável carreira como manutentor, programador, planejador, analista e coordenador de PCM.

IGOR MARINELLI

Fundador e CEO da Tractian, é graduado em **Engenharia de Computação** pela Universidade de São Paulo (USP) e possui diploma em **Empreendedorismo e Tecnologia** pela Universidade da Califórnia, Berkeley. Autodidata em programação, aos 13 anos criou o seu primeiro sistema para indústrias automotivas e papeleiras, na área de Manutenção. Possui diversas patentes publicadas no principal Órgão de Propriedade Intelectual Americano (USPTO), na área de Ciência de Dados. Sua notável trajetória acadêmica e profissional reflete o comprometimento e a habilidade em liderar na interseção entre engenharia, indústria e empreendedorismo. Atualmente, reside em Atlanta, nos Estados Unidos.

EPÍGRAFE

Manifesto pelo desenvolvimento

Acreditamos que investir em educação, ciência, pesquisa, tecnologia e consequentemente na reindustrialização é a única estratégia possível e viável para garantir que o Brasil se torne definitivamente uma nação desenvolvida e supere as atuais e crescentes contradições econômicas e sociais, ou seja, compreendemos e defendemos que o grande desafio que as gerações atuais herdaram é forjar a coesão e o consenso necessários na sociedade, para que possamos, enquanto nação soberana, deixar de nos especializar apenas em produzir e exportar tubérculos, utilizados na produção de **batata chips (low tech)**, e passarmos a exportar somente o excedente de ouro, silício, lítio e outros elementos de terras-raras, para tornar-se uma nação produtora e exportadora de **micro chips (high tech)** com inteligência artificial embarcada.

Fauzi Mendonça & Igor Marinelli

Aos profissionais
da manutenção

AGRADECIMENTOS

Aos nossos pais, que com amor, carinho, afeto, paciência, dedicação e austeridade nos garantiram os fundamentos educacionais e todos os subsídios, sobre os quais edificamos nossa formação acadêmica e carreira profissional.

Aos professores, que se dedicaram acadêmica e profissionalmente à nobre arte de lecionar, e que, com ética, transferiram-nos o conhecimento obtido durante o nosso período de formação acadêmica expressamos a mais sincera gratidão. Estendemos essa gratidão a todos os manutentores que diuturnamente abdicaram ou abdicam de tempo com suas famílias para se dedicarem ao árduo e nobre trabalho de manter em funcionamento um, senão o principal, pilar de sustentação da economia global, que é o sistema produtivo, ou seja, a indústria.

Aos ilustres leitores, colaboradores e mantenedores da Revista Manutenção, agradecemos pelo prestígio e pela consideração, que foram estímulos fundamentais não apenas para a idealização, mas também para a publicação deste livro, que reúne, além do conhecimento acadêmico que acumulamos, um pouco do conhecimento empírico obtido ao longo de nossas trajetórias. Agradecemos, ainda, ao Erik Cordeiro (Engenheiro) e ao Denis Mortelari (RCM2 Practitioner) pelas contribuições que enriqueceram este livro.

Aos leitores desta obra, declaramos que não nos contentamos em exportar bens primários para receber em troca produtos industrializados, como espelhos, veículos, combustível, eletrônicos ou sobremesas. Isso porque acreditamos no desenvolvimento industrial como única estratégia viável para que o Brasil consiga superar o processo de desindustrialização e a crônica doença holandesa que acomete o país desde a crise da dívida, ou seja, desde meados da década de 80.

A todos os heróis que participaram e participam ativamente do desenvolvimento industrial do Brasil e que, por consequência, impediram e ainda impedem que o país seja reduzido ao papel de figurante global, ou seja, de mero exportador de bens primários (commodities), como minérios, petróleo, trigo, soja, milho, algodão, arroz, feijão, carne e frutas, pois, acreditamos que o nosso país é rico, privilegiado e que possui uma indústria robusta o suficiente para concluir a sua própria revolução capitalista (industrial) e figurar entre o seleto grupo de países desenvolvidos.

SUMÁRIO

PREFÁCIO DOS AUTORES

Escrever e publicar um livro como este, que você acabou de adquirir um exemplar, seja em formato impresso (analógico), ou obtido online (digital), já não possui o mesmo peso e significado que tinha nos tempos dos famosos embates epistolares.

Fato irrefutável é que, nos últimos cinquenta anos, bons livros quase entraram em extinção, diante da pluralidade de títulos e autores, o que dificulta que um livro relevante se destaque em meio a dezenas, centenas, senão milhares, de outros de conteúdo irrelevante, ou seja, de má qualidade ou puro entretenimento, publicados, muitas vezes, apenas por interesse comercial, senão para satisfazer demandas, egos, desejos individuais, interesses escusos, quando não, apenas, para gerar receita e lucro.

Críticas

Tendo em vista as diversas objeções e desafios que identificamos ao idealizar e decidir escrever e publicar este livro, ousamos prefaciá-lo nesta primeira edição com o objetivo de registrar as evidências do contexto e da conjuntura em que ele foi redigido.

Ao redigirmos este prefácio, adotamos um tom crítico e, às vezes, até mesmo ácido, porém profundamente otimista quanto à aplicação correta dos adventos e das tecnologias que estamos testemunhando surgir, e também contribuindo como protagonistas para que elas se tornem realidade e representem não só melhorias e avanços no modo de produção vigente, como também no modo de vida dos trabalhadores, ao garantirem incrementos significativos nas condições de trabalho, no bem-estar e na qualidade de vida daqueles que dedicam-se diuturnamente à nobre arte de manter as máquinas confiáveis e, consequentemente, o mundo funcionando.

"O mundo precisa das máquinas funcionando.
... nós mantemos as máquinas confiáveis."

Igor Marinelli

Crítica ao mercado editorial

Conscientes da promiscuidade ética que tomou conta de parte do mercado editorial, resolvemos contrariar a ortodoxia ao entregar a ele um livro completamente heterodoxo. Além disso, ousamos afirmar que ele pode ser considerado uma obra-prima capaz de fazer com que o livro ***A Arte da Guerra***, de Sun Tzu, seja alocado na prateleira de literatura infantil, ao lado de ***O Pequeno Príncipe***, de Antoine de Saint-Exupêry.

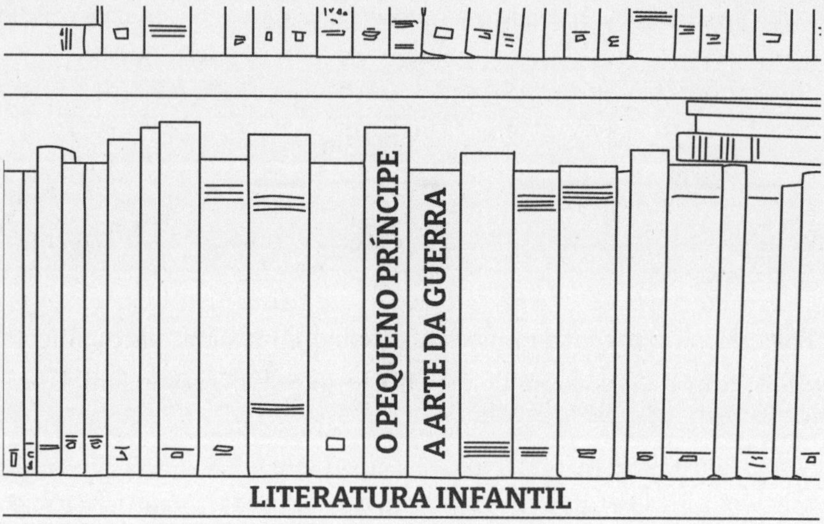

Figura 1 – Prateleira de literatura infantil

Contudo, contrariaremos a ortodoxia, sem fazer este livro se passar por terceiro, tampouco por **último testamento**, em respeito não só à fé e à religiosidade cristã, mas também para não subestimar a capacidade cognitiva de todos aqueles que dedicarem tempo para apreciar a síntese, tanto da nossa trajetória acadêmica, quanto da profissional. Esta síntese, assim como ambas as revoluções em que somos testemunhas e protagonistas, retrata a convergência em andamento entre a Revolução Industrial, representada pela formação acadêmica e experiência profissional de Fauzi Mendonça, e a Revolução Científica (Digital), representada pela formação acadêmica e experiência profissional de Igor Marinelli.

Reconhecemos, salvo algumas exceções, que uma parte dos livros produzidos e publicados atualmente se resume a panfletos, senão catálogos comerciais, cujo objetivo é vender manuais de conduta, produtos e serviços, para profissionais leigos e desavisados, geralmente aqueles mais predispostos a acreditarem em qualquer coisa, sem questionar racionalmente, o apelo que, geralmente é feito, como, por exemplo, quando se utiliza a expressão "A bíblia" no título.

Valer-se dessa "tática" é um subterfúgio doutrinário, extremamente desonesto, cujo objetivo é fazer o público-alvo crer que determinado livro é o antídoto das principais fraquezas e medos que tais profissionais colecionam ao longo de suas carreiras. Da mesma maneira, tenta forjar autoridade profética, ao propor, mesmo que de maneira análoga, sutil e lúdica, a única, senão a última e incontestável, palavra sobre determinado assunto, ao se colocar como atravessador oficial, entre os mortais consumidores e os imortais autores de livros.

Por esse motivo, iniciamos este prefácio com uma crítica sincera ao mercado editorial, que aceita e permite que apócrifos sejam lançados como livros sagrados, e literatura lúdica seja lançada como literatura técnica e científica. Fazemos isso porque assumimos um compromisso ético ao decidir redigir e publicar este livro, e é justamente por conta desse compromisso que iniciamos este prefácio com elevado teor de transparência.

Afinal, já não é mais segredo que, diante de uma determinada demanda editorial, o mercado forja um especialista qualquer, no mais puro marketing digital, para escrever, senão apenas para assinar, um determinado livro, com potencial de torná-la o mais vendido, sem qualquer preocupação com a qualidade do que será entregue, a não ser com a capa e os gatilhos mentais que farão com que ele desencalhe das prateleiras e triunfe, sob os holofotes de lâmpadas dicroicas nas vitrines das livrarias, ou seja, na categoria dos mais vendidos.

Figura 2 - Livro mais vendido

Perdoem-nos pelo desgosto, mas isso está insuportável, e até seria possível quantificar e qualificar as diversas objeções preexistentes, que nos impediriam de idealizar e escrever este livro, ou melhor, que nos desmotivariam a fazê-lo. No entanto, compreendemos e consideramos que, amiúde, o conhecimento humano deve ser revisado e reorganizado, conforme as diretrizes da metodologia científica e de acordo com a conjuntura. Nesse contexto, concordamos, ainda não há uma maneira mais adequada e eficaz de se fazer isso, a não ser por meio da publicação de um livro, desde que a prioridade seja difundir ciência e conhecimento, em detrimento de qualquer interesse escuso que possa existir, tanto por parte da editora, quanto por parte dos autores.

Após um longo período de observação empírica do mercado editorial, constatamos que, quando isso não é feito de maneira séria e responsável, ele próprio se encarrega de ocupar o espaço vago, ou seja, o vácuo editorial, com conteúdo e especialistas de procedência duvidosa, como, por exemplo, com livros dos famigerados ***coaches, mentores ou gurus*** de engenharia, lançados por meio de campanhas de marketing digital, tal como a fórmula de lançamento, para forjar autoridade, sem qualquer preocupação com a qualidade do conteúdo que será difundido.

> Educação, em geral, é importantíssima para qualquer área, particularmente no atual momento, com tanta gente fazendo aquele mais do mesmo [...] e com essa oferta tão larga de gurus, com aquelas falácias e etc... você acaba tendo muita superficialidade, então eu acho que combinar o estudo acadêmico, o estudo formal, com a prática, obviamente é o mundo ideal, você pega grandes pensadores que dizem assim: Não há nada mais prático do que uma boa teoria (CARVALHO, 2024)[1].

Portanto, para além de criticar o mercado editorial, resolvemos presenteá-lo com um livro que contraria, veementemente, essa lógica ortodoxa, que inunda as prateleiras das livrarias e os sites de comércio eletrônico com mais do mesmo, e entregamos a ele, este livro que redigimos com muito carinho, pensando, crítica e prioritariamente, na inovação, na exclusividade e, principalmente, na qualidade do conteúdo que nele inserimos, e que consideramos extremamente relevante, contemporâneo e isento de interesses escusos.

Crítica à má utilização das tecnologias

Em 1679, durante a pré-revolução industrial, o cientista Denis Papin realizou experiências com vapor sob alta pressão e, como resultado, inventou um dispositivo, cujo objetivo principal era explorar as possibilidades do vapor em processos científicos e industriais.

Esse dispositivo ficou conhecido como digestor a vapor e acabou sendo o precursor da panela de pressão, pois o próprio Papin sugeriu que ele poderia ser utilizado para acelerar o cozimento de alimentos e aproveitar os restos das carnes para alimentar pessoas miseráveis, devido à sua capacidade de amolecer carnes, ossos e permitir a extração de um caldo espesso ou geleia nutritiva, semelhante ao que hoje conhecemos como gelatina.

---

1. Transcrição de um trecho da entrevista concedida por Nino Carvalho, autor do livro ***Mais marketing, menos guru***, para Talita Lombardi do Podcast do canal ***A Central do Conteúdo*** no YouTube, em 08 de agosto de 2024.

Desde então, até durante a segunda Revolução Industrial, no final do século XIX, quando Victor Hugo escreveu o livro ***Os Miseráveis***, sua obra-prima, acreditava-se, em grande parte, devido ao movimento ludista, que a tecnologia aumentaria a miséria (A tecnologia da miséria), porque ela, supostamente, substituiria a maioria dos trabalhadores. Isso gerou um frenesi, uma espécie de medo coletivo; pois, acreditava-se que a tecnologia causaria desemprego e, consequentemente, ampliaria a miséria, o que se provou ser um equívoco.

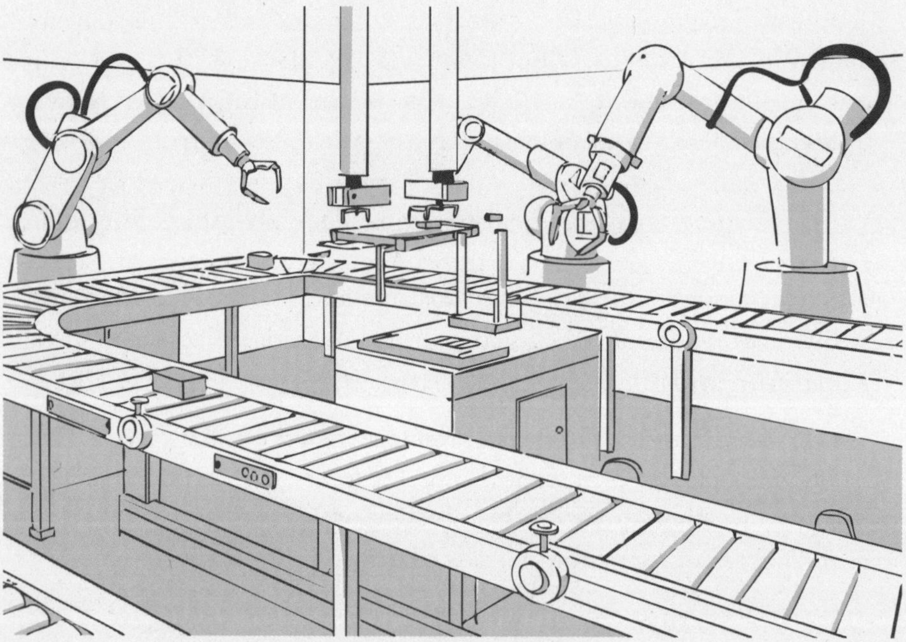

Figura 3 – Automação industrial

Aliás, um GRANDE equívoco, pois o desenvolvimento tecnológico gerou, durante o século XX, assim como no início do século XXI, mais empregos qualificados e renda do que qualquer outra iniciativa que o ser humano possa ter idealizado. Além disso, contribuiu para a desaceleração da miséria, enquanto os indicadores de densidade populacional aumentavam exponencialmente em praticamente todo o mundo.

Figura 4 – Manutentores trabalhando

Mas nem tudo são flores na ilha, pois, apesar do telencéfalo altamente desenvolvido e do polegar opositor, o ser humano ainda utiliza a tecnologia de maneira imprudente e irracional na acumulação de capital (ILHA DAS FLORES, 1989), o que viabilizou, e ainda viabiliza, a exploração de colônias e de neocolônias, a escravidão ou o trabalho análogo a ela, e a desregulamentação das legislações trabalhistas e ambientais.

Além disso, a tecnologia também foi, e ainda é aplicada e utilizada amplamente em guerras bélicas e híbridas (digitais) para matar, destruir, dissuadir, desinformar, manipular e manter a dominação do homem pelo homem, o que pode contribuir e provocar a aceleração da desigualdade e, possivelmente, a perpetuação da miséria (A miséria da tecnologia).

Nesse aspecto, a tecnologia não é neutra, porém o que faz a diferença e determina se ela é apenas um fetiche tecnocrata, ou a solução para os problemas sociais e civilizatórios da espécie humana e para a manutenção e sustentabilidade de todas as outras formas de vida do planeta, é a maneira como a aplicamos.

> Como exemplo bastante simples, podemos citar a utilização de uma faca em dois contextos diferentes. Nas mãos de um cirurgião, um objeto cortante torna-se um eficiente instrumento de trabalho, uma vez que este pode operar e salvar vidas. Enquanto, nas mãos de um psicopata, um objeto cortante torna-se prejudicial à sociedade (NOVAES e DAGNINO, 2022)[2].

Esse desvio de função da tecnologia, ou seja, sua má utilização, é o que impede a mitigação da desigualdade, da miséria e da fome. Portanto, devemos utilizar todo o potencial das tecnologias, para gerar soluções que ampliem a qualidade e a expectativa de vida, assim como o bem-estar de toda a sociedade, e não apenas de uma minúscula parte dela, como provavelmente sonhou Denis Papin ao inventar a panela de pressão e dar o ponta pé inicial para a Revolução Industrial.

Crítica à rede mundial de computadores

Há alguns anos, o físico britânico, cientista da computação e professor emérito do Massachusetts Institute of Technology (MIT), Tim Berners-Lee, também conhecido como o pai da rede mundial de computadores, demonstrou estar extremamente preocupado com o controle de dados pessoais, com a difusão de desinformação e com a propaganda antiética através da rede que ele criou, ao publicar no ***The Guardian***, um jornal diário britânico, o artigo que pode ser considerado praticamente como um manifesto para salvar a rede:

> "Eu inventei a web. Aqui estão três coisas que precisamos mudar para salvá-la."[3]
>
> **Tim Berners-Lee**

---

2. Página 192 do livro ***O Fetiche da Tecnologia***, de Henrique NOVAES e Renato DAGNINO.

3. Título traduzido do artigo publicado no The Guardian por (BERNERS-LEE, 2017).

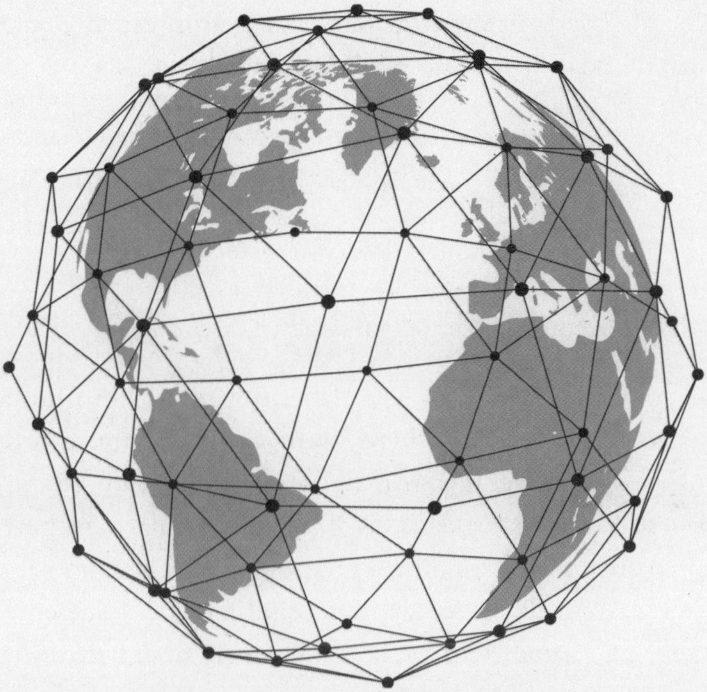

Figura 5 – Rede mundial de computadores

Ao contextualizar a fala de Tim Berners-Lee, devemos considerar que a partir da virada do milênio, a rede mundial de computadores, foi a grande mola propulsora que impulsionou o retorno do hábito da pesquisa e leitura, e que:

> "A melhor arma contra a desinformação é o hábito da leitura, e agora, também a inteligência artificial."[4]
>
> **Jorge Guerra Pires**

Contudo, na última década, a rede mundial de computadores, acabou por se tornar a própria antítese, pois foi inundada com malinformações, desinformações e opiniões disfarçadas de informações, o que a fez perder

4. Frase publicada na página 3 do livro ***Desinformação, Infodemia, Discurso de Ódio, e Fake News*** (PIRES, 2023).

a credibilidade criada na expectativa dos pioneiros, durante os primeiros anos, senão décadas de utilização pública da rede.

> "Manipulação de dados e notícias falsas põem internet em xeque."[5]
>
> **cgi.br**

Nesse contexto, surgiu, na sociedade, um sentimento nostálgico de apego, senão de reapego, aos livros, pois eles resistiram e ressurgiram, como possíveis, senão como os melhores, guardiões do conhecimento, orientados pela transparência e credibilidade. Afinal, vivemos em um contexto no qual a web passou a aceitar qualquer coisa, ao passo que os livros, impressos ou eletrônicos, não necessariamente. Isso ocorre porque se os autores não garantirem a qualidade e a credibilidade do conteúdo, muito provavelmente, os livros não desencalham das prateleiras e ainda podem gerar prejuízos.

Afinal, o que os autores escrevem, imprimem e publicam acaba eternizado e isso é, ou pelo menos deveria ser, um bom motivo para impedir que os livros aceitem qualquer coisa, como aconteceu em larga escala nas últimas décadas.

Dizem por aí que:

> "O papel aceita qualquer coisa."[6]
>
> **Autor desconhecido**

Esse ditado popular tornou-se anacrônico e precisa ser revisto, pois foi concebido antes mesmo do surgimento dos microcomputadores e

---

5. Título do artigo publicado pelo COMITÊ GESTOR DA INTERNET NO BRASIL, 2018.

6. DESCONHECIDO.

da Internet, em uma época em que as pessoas só sentiam raiva, ódio e desprezo pelo papel. Além disso, o Autor desconhecido não considerou, por exemplo, o surgimento da rede mundial de computadores, dos sistemas de gerenciamento de conteúdo (SGCs) e das redes sociais, que são recursos tecnológicos amplamente utilizados para fabricar consenso e manipular pessoas, cidades, estados e até mesmo países inteiros.

Nesse contexto, se o papel aceita qualquer coisa, o Excel e o Power Point também, então a rede mundial de computadores já pode ser chamada de papel higiênico.

Por esse motivo, acreditamos e defendemos que o conteúdo técnico e científico da rede mundial de computadores deve ser classificado e fundamentado na literatura impressa, e não o contrário. Afinal nos basta o tsunami de desinformações que os inúmeros coaches, mentores e gurus de engenharia, autoproclamados especialistas, empurram-nos goela abaixo através de tráfego pago e da fórmula de lançamento.

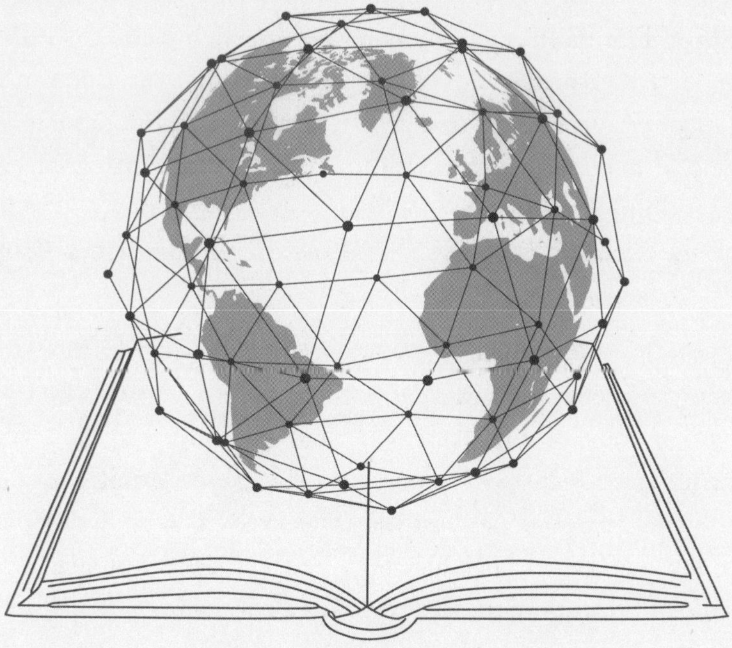

Figura 6 – Embate entre livro x web

Fica aqui a pergunta: quem nunca se deparou diante de uma notícia ou artigo on-line que especula sobre conceitos que não existem ou que derivaram, desnecessariamente, de outros temas já muito bem estabelecidos?

Podemos citar, como exemplo disso, a lendária Indústria 5.0, que foi difundida amplamente por pseudo-especialistas. Esta se tornou um dogma para alguns ortodoxos, enquanto é objeto de deboche e ironia entre os que ousam antagonizar o senso comum, em torno do qual orbita uma linha de produção de pseudoinformações, que está a corroer a rede mundial de computadores e, consequentemente, toda a sociedade contemporânea.

Enfim, a Indústria 4.0 acabou de sair da gestação e entrou na primeira infância; portanto, falar tão prematuramente sobre sua próxima geração, ou seja, sobre como supostamente será a Indústria 5.0, é passar atestado de que não se conhece nada, ou muito pouco, sobre a realidade da indústria, e sobre as revoluções a que ela está submetida.

Compartilhar da mesma preocupação que Tim Berners-Lee implica, também, defender a diversidade de pensamento; contudo, para isso, é necessário traçar uma linha tênue entre o que é informação e o que não é. Ou seja, é necessário definir muito bem e com transparência o que são as pseudoinformações, e colocá-las sob os holofotes, de modo que conjecturas, expectativas, desinformações, malinformações e opiniões sejam classificadas e tratadas como tal.

Diante dessa conjuntura, encorajamo-nos a superarmos todas as objeções previamente identificadas e a encararmos o desafio de sintetizar, neste livro, as transformações mais recentes da indústria. Nosso objetivo é que, assim fazendo, este livro possa subsidiar estudantes e profissionais com definições, redefinições e novos conceitos, capazes de descrever, nos pormenores, a infância da Indústria 4.0 e todas as tecnologias avançadas que estamos utilizando para fazer dela uma realidade.

Além disso, desejamos prepará-los para protagonizar o futuro por meio da manutenção assistida, de maneira que todos os leitores deste livro possam contribuir, conscientemente, através da correta utilização das tecnologias avançadas disponíveis e da indústria, para gerar emprego e renda digna, além de reduzir a jornada de trabalho, como maneira de compensar o custo humano, que as três gerações anteriores da indústria cobraram pelas revoluções científica e industrial permanentes.

Desafios

Ao realizar críticas duras e ácidas com objetivo de estimular a reflexão sobre o papel do livro, das tecnologias e da rede mundial de computadores em nossas vidas, e principalmente sobre a utilização e a aplicação que fazemos desses recursos tecnológicos, propomo-nos resgatar um debate que, apesar de antigo, é atual, além de polêmico e muito necessário. Estamos certos de que vivemos em um momento da história da humanidade em que a inteligência, já em extinção e com medo de se expor, sente-se ameaçada pela sua própria criação: a inteligência artificial (IA).

Um dos desafios deste livro, além de ser pioneiro na proposição de uma nova estratégia e tipo de manutenção, é, também, fazer as críticas necessárias, analisar eventuais objeções, determinar e superar os desafios da atual conjuntura, que desaceleram, senão freiam, o desenvolvimento científico, o tecnológico e, principalmente, o humano.

Diante do exposto, decidimos desafiar a ortodoxia editorial, pois, em vez de escrever sobre os mesmos assuntos da moda, já desgastados e muitas vezes óbvios, resolvemos romper com esse paradigma e trazer à tona novos conceitos capazes de definir e redefinir, com precisão, as transformações tecnológicas mais recentes da indústria. Acreditamos que a nossa grande contribuição, para estudantes e profissionais da área, será, justamente, prepará-los, com este livro, para que eles possam pisar firme e com segurança no chão de fábrica da Indústria 4.0.

Figura 7 – Desafios

Entretanto, cabe a cada leitor tentar compreender em que momento da história estamos inseridos, ao analisar o passado, o presente e ousar prever o futuro, sem perder de vista a Alegoria da caverna de Platão, a qual nos revela que, após entender o contexto histórico em que vivemos, é um dever ético compulsório retornar para a caverna e orientar os demais sobre a pseudorrealidade em que eles vivem, composta por sombras e silhuetas forjadas com a luz, para distrai-los e impedir que eles enxerguem o mundo como ele realmente é, ou seja, como através das lentes dos óculos do filme Eles vivem (1989), um verdadeiro clássico do final dos anos 80, tão atual que precisa, urgentemente, ser regravado, para que o famoso óculos de sol seja substituído por um óculos de realidade virtual, aumentada ou mista.

Um outro desafio que identificamos ao planejar este livro vai muito além de difundir ou atualizar conceitos sobre manutenção, pois isso passa pela superação das objeções, para chegar ao objetivo final: conduzir os leitores a fazerem uma profunda reflexão acerca da utilização que fazemos dos livros, das tecnologias avançadas e da rede mundial de computadores. Pois, somente a partir de então eles estarão aptos para pisar, definitivamente, no chão de fábrica da Indústria 4.0, e esquecer, definitivamente, a barbárie que foi o chão de fábrica da Indústria 1.0, 2.0 e 3.0.

Acreditamos que a literatura é o alicerce sobre o qual toda nação desenvolvida é edificada; portanto, assumimos mais um desafio: resgatar não só a função dos livros, como também estimular o hábito da leitura de bons livros, em detrimento dos rasos.

Enfim, de um ponto de vista holístico, o grande desafio das nossas gerações é fazer com que a revolução capitalista, ou seja, a Revolução Industrial, realize o sonho de Denis Papin, ao aplicar, efetivamente, a tecnologia para mitigar a miséria, a fome e, por consequência, a desigualdade econômica e social. Pois, somente assim, o sistema econômico vigente será capaz de superar as suas próprias contradições e se tornar a solução para elas, antes que ele entre em colapso e arraste a humanidade para a extinção.

INTRODUÇÃO

Durante o planejamento e a elaboração deste livro, consideramos fundamental, antes de iniciar o assunto principal, introduzir, de maneira breve e objetiva, o leitor no aspecto histórico. Afinal, é importante alinhar e nivelar o conhecimento acerca de onde viemos, para que possamos determinar, exatamente, onde estamos e, consequentemente, especular, sem devaneios, para onde iremos.

Portanto, aprecie essa breve introdução sobre a revolução científica e industrial, apenas como subsídio de contextualização, para que possamos seguir adiante e entrar na Indústria 4.0 de maneira nivelada e coesa.

Revolução científica

A revolução científica refere-se ao período de transformação fundamental no pensamento e no método científico que ocorreu, aproximadamente, entre os séculos XVI e XVII na Europa (SHAPIN, 1996).

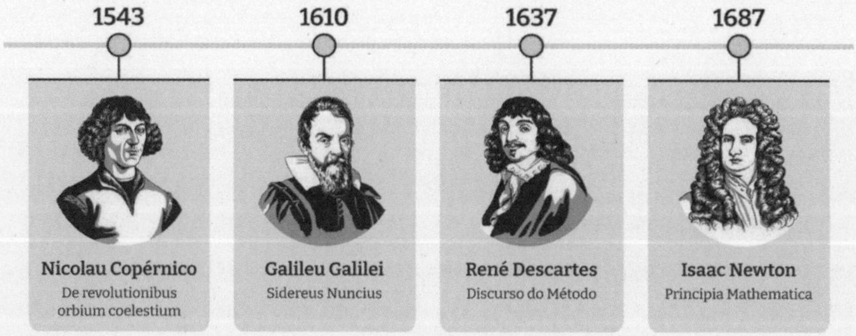

Figura 8 – Linha do tempo da revolução científica

Esse período foi marcado por um afastamento das explicações baseadas na autoridade e na tradição filosófica, religiosa, cultural e interpretativa, e deu lugar a uma abordagem mais sistemática e baseada em observações, experimentações e constatações empíricas.

Francis Bacon, ao criticar a "pobreza" da história natural de seu tempo, defendeu uma ciência mais rigorosa, empírica e crítica. Ele via a necessidade de passar de um conhecimento baseado em tradições e relatos para um conhecimento fundamentado em provas verificáveis e experiências controladas, para, assim, promover uma revolução no pensamento científico.

Francis Bacon lamentou o quanto era pobre a história natural que o antecedeu, pois segundo ele:

> Qualquer pessoa podia facilmente perceber pelo fato de que nas tábuas precedentes inserimos simples tradições e relatos de terceiros (mas sempre acrescentando e colocando em dúvida mesmo a mais segura autoridade), em lugar da história provada e das instâncias certas (BACON, 1800).

Principais características e elementos

A revolução científica foi estimulada pelo desenvolvimento e impulsionada pela adoção do método científico, que enfatiza a observação sistemática, a experimentação controlada, a formulação de hipóteses testáveis e a verificação por outros cientistas.

Método científico moderno

Francis Bacon (1561-1626) é frequentemente creditado por promover o método indutivo, o qual enfatiza a importância da observação, experimentação e da constatação na construção do conhecimento científico. Por isso, ficou conhecido como o pai da metodologia científica.

Desenvolvimento da astronomia e cosmologia

Revolução na astronomia

Nicolau Copérnico (1473-1543) propôs o modelo heliocêntrico do sistema solar e desafiou a visão geocêntrica predominante da época.

Galileu Galilei (1564-1642) fez observações telescópicas que confirmaram o modelo heliocêntrico e defendeu a autonomia da ciência frente à autoridade religiosa.

Revolução na física e matemática

Johannes Kepler (1571-1630) desenvolveu as leis do movimento planetário e mostrou que os planetas orbitam o sol em órbitas elípticas.

Robert Hooke (1635-1703) elaborou a Lei de Hooke (1676) e a publicou somente dois anos mais tarde (1678), com a descrição pormenor do comportamento de deformação elástica e plástica dos materiais em função de uma tensão perpendicular aplicada a eles, através de um simples ensaio de tração com molas, registrado no livro de título: ***Aulas de tensão restauradora, ou da mola demonstrando o poder de elasticidade dos corpos*** (1678), conhecido por fundamentar a resistência dos materiais.

Isaac Newton (1643-1727) unificou as descobertas anteriores sob um conjunto de leis físicas universais, inclusive as leis do movimento, a lei de Hooke e a da gravitação universal, e as publicou no livro de título: ***Princípios Matemáticos da Filosofia Natural*** (1687).

Impactos da revolução científica

Em suma, a revolução científica foi, e ainda é, um período de mudança paradigmática que lançou as bases para a ciência moderna e influenciou, profundamente, o pensamento, a cultura e o desenvolvimento humano (KUHN, 1970).

Nesse contexto, a revolução científica plantou as sementes que germinaram e deram os frutos que colhemos até os dias de hoje, uma vez que os métodos, as pesquisas e os adventos (descobertas e invenções) que ela estimulou, e que continuaram a surgir, deram origem a uma outra revolução: a Industrial.

Portanto, apesar de contrariar a historiografia, consideramos que a revolução científica ainda está vigente, ou seja, ela é uma revolução paralela à industrial, e não sua antecessora (logo a subdividiremos em quatro etapas fundamentais, que marcam o surgimento dos principais adventos que catalisaram as transformações tecnológicas que nos trouxeram até o contexto atual).

Figura 9 – Linha do tempo da revolução eletrônica

Primeira etapa: revolução mecânica

Contexto e significado

A expressão "revolução mecânica" não é amplamente reconhecida na historiografia, como ocorre, por exemplo, com a expressão "revolução industrial" ou com outras revoluções específicas. No entanto, pode-se entendê-la como um conceito que descreve avanços significativos na tecnologia e na mecânica durante períodos específicos da história, especialmente durante a transição para a era industrial, ou seja, entre feudalismo e capitalismo, período que ficou conhecido como mercantilismo.

Transição para a era da mecânica

Durante os séculos XVIII e XIX, houve um movimento significativo em direção à mecanização da produção, com o desenvolvimento de máquinas e tecnologias que transformaram as práticas industriais.

A introdução de máquinas a vapor, como, por exemplo, bombas de água, motores, teares e diversos dispositivos mecânicos, foi fundamental para aumentar a produtividade e a eficiência industrial (HOBSBAWM, 1996).

Avanços na tecnologia mecânica

O conceito de revolução mecânica pode ser utilizado para descrever períodos de rápido desenvolvimento e inovação em tecnologias mecânicas, como, por exemplo, o desenvolvimento de bombas, motores, válvulas, ferramentas de precisão e outros dispositivos mecânicos que impulsionaram a indústria e a engenharia.

Impacto na sociedade e na economia

Em suma, embora o termo "revolução mecânica" não seja amplamente utilizado, ainda assim representa a profunda transformação causada pelo avanço das máquinas na sociedade, na economia e no estilo de vida das pessoas, à medida que a mecanização mudava, de forma drástica, as condições de trabalho, o transporte e a vida rural e urbana, especialmente durante os estágios iniciais da Revolução Industrial.

Segunda etapa: revolução elétrica

Contexto e significado

Embora a expressão "revolução elétrica" também não seja amplamente reconhecida na historiografia, tal como a expressão "revolução mecânica" (diferente do que ocorre com "revolução industrial" ou outras revoluções específicas), pode-se entendê-la como um conceito que descreve avanços significativos na "geração", transmissão, distribuição e utilização da eletricidade, que transformaram a sociedade e a economia a partir do final do século XIX.

Transição para a era da eletricidade

Durante os séculos XIX e XX, houve uma transição significativa das fontes de energia tradicionais, como carvão e vapor, para a eletricidade. Invenções e inovações na transformação e na distribuição de energia elétrica permitiram a eletrificação de cidades, fábricas e residências.

A introdução de sistemas de corrente alternada (CA), por Nikola Tesla e George Westinghouse, junto com a corrente contínua (CC), difundida por Thomas Edison, foram fundamentais para a expansão da utilização da eletricidade (FREEBERG, 2013).

A guerra ou batalha das correntes

A batalha das correntes foi uma intensa disputa tecnológica e comercial que ocorreu no final do século XIX entre Thomas Edison e Nikola Tesla, e representou, respectivamente, os sistemas de corrente contínua (CC) e corrente alternada (CA) (JONNES, 2003).

Edison promoveu a corrente contínua e defendeu a sua segurança por conta do menor risco de choques elétricos. Por outro lado, Tesla, com o apoio de George Westinghouse, demonstrou que a corrente alternada era mais eficiente para transmissão a longas distâncias, devido à sua capacidade de ser transformada para diferentes tensões com mais facilidade.

A batalha envolveu demonstrações públicas, campanhas lamentáveis de desinformação e até mesmo a eletrocussão de animais para provar os supostos riscos da corrente alternada.

Eventualmente, a corrente alternada de Tesla prevaleceu como o padrão para distribuição de eletricidade, revolucionou a infraestrutura elétrica e moldou o futuro da transformação e da transmissão de energia.

Avanços na infraestrutura elétrica, como redes de distribuição e usinas de geração de energia, permitiram que a eletricidade se tornasse amplamente acessível e confiável.

Avanços na tecnologia elétrica

O conceito de revolução elétrica pode ser utilizado para descrever períodos de rápido desenvolvimento e inovação das tecnologias elétricas, como o desenvolvimento de motores elétricos, geradores, transformadores e sistemas de telecomunicações (HUGHES, 1983).

Inovações em eletrodomésticos, iluminação elétrica e ativos industriais mudaram, drasticamente, a eficiência e a qualidade de vida, tanto em contextos domésticos quanto industriais.

Impacto na sociedade e na economia

A "revolução elétrica" teve um impacto profundo na sociedade e na economia, e mudou a forma como as pessoas viviam, trabalhavam e se comunicavam. A eletrificação das cidades permitiu a criação de novos tipos de infraestruturas urbanas, como iluminação pública e transporte elétrico (NYE, 1990).

A automação industrial e a mecanização impulsionadas pela eletricidade aumentaram a produtividade e a eficiência, e transformaram indústrias inteiras ao criarem novos empregos e segmentos econômicos.

A eletricidade também desempenhou um papel fundamental na evolução da tecnologia da informação e comunicação, e facilitou o desenvolvimento de telefones, rádios, televisores, computadores e, posteriormente, da Internet, o que gerou um impacto profundo e duradouro na sociedade, na economia e no estilo de vida das pessoas, através da revolução eletrônica analógica e digital.

Terceira etapa: revolução eletrônica analógica

Contexto e significado

A expressão "revolução eletrônica analógica" também não é amplamente reconhecida na historiografia. No entanto, pode-se entendê-la como um conceito que descreve avanços significativos na tecnologia eletrônica analógica, durante o período em que dispositivos analógicos predominavam, especialmente nas décadas de 20 a 70 (WILLIAMS, 2017).

Transição para a era da eletrônica analógica

Durante o século XX, houve um movimento significativo em direção à eletrificação e à utilização de dispositivos eletrônicos analógicos, que transformaram as práticas de comunicação, entretenimento e tecnologia.

A introdução de telefones, rádios, televisores, amplificadores e outros dispositivos eletrônicos analógicos foi fundamental para aumentar a conectividade e o acesso à informação e ao entretenimento.

Essas tecnologias permitiram a transmissão e a recepção de sinais de áudio e vídeo, e revolucionaram os meios de comunicação de massa.

Avanços na tecnologia eletrônica analógica

O conceito de revolução eletrônica analógica pode ser utilizado para descrever o período de rápido desenvolvimento e inovação das tecnologias eletrônicas analógicas, como a invenção do transistor, o desenvolvimento de circuitos integrados e a criação de dispositivos, como televisores, rádios, gravadores de fita, toca-discos e sistemas de áudio de alta fidelidade (por exemplo, amplificadores e instrumentos musicais como a guitarra elétrica (GLEICK, 2020).

Esses avanços permitiram a miniaturização de componentes e aumentaram a portabilidade e a acessibilidade de dispositivos eletrônicos.

A tecnologia analógica também desempenhou um papel fundamental no desenvolvimento inicial dos computadores e na automação de processos industriais.

Impacto na sociedade e na economia

A revolução eletrônica analógica teve um impacto profundo na sociedade e na economia, e mudou a maneira como as pessoas se comunicavam, como se divertiam e como trabalhavam. A eletrificação e a introdução de dispositivos eletrônicos analógicos permitiram a criação de novas indústrias, como a de entretenimento, a de telecomunicações e a de eletrônica de consumo (JOHNSON, 2016).

Essas tecnologias também transformaram o ambiente doméstico, com a popularização de telefones, rádios e televisores, que se tornaram centrais na vida familiar, nas comunicações e no consumo de informação e cultura.

A utilização da eletrônica analógica e a da automação nas indústrias aumentaram a eficiência e a produtividade, e permitiram novos modelos de negócios e economias de escala.

Quarta etapa: revolução eletrônica digital

Contexto e significado

A era da "revolução eletrônica digital" surgiu a partir do século XX, especialmente após a Segunda Guerra Mundial e durante a Guerra Fria, período que foi marcado pela transição da tecnologia analógica para a digital. Essa era também revolucionou a maneira como as informações eram processadas, armazenadas e transmitidas (BRYNJOLFSSON e MCAFEE, 2014).

Transição para a era da eletrônica digital

Durante as décadas de 40 e 50, invenção do transistor e a do circuito integrado marcaram o início da era digital. Esses componentes foram fundamentais para o desenvolvimento de computadores mais compactos, eficientes e acessíveis.

A introdução de computadores eletrônicos, como o Electronic Numerical Integrator and Computer (ENIAC), e posteriormente de microcomputadores pessoais, transformou de forma radical a computação e a comunicação. Tecnologias como a Internet, criada no final da década 60, e a rede mundial de computadores, desenvolvida no início dos anos 90, foram marcos importantes dessa revolução.

AVANÇOS NA TECNOLOGIA DIGITAL

O conceito de revolução eletrônica digital pode ser utilizado para descrever o período de rápido desenvolvimento e inovação em tecnologias digitais, inclusive a criação de circuitos integrados, microprocessadores, microcomputadores, sistemas operacionais, redes de comunicação e dispositivos móveis.

O desenvolvimento de softwares complexos, a miniaturização de componentes eletrônicos e a evolução das telecomunicações permitiram a integração de sistemas e a automação de processos em diversas indústrias.

IMPACTO NA SOCIEDADE E NA ECONOMIA

A revolução eletrônica digital teve um impacto profundo na sociedade e na economia, e alterou a maneira como as pessoas trabalhavam, como se comunicavam e como se divertiam. A digitalização possibilitou a criação de novas indústrias, como a de tecnologia da informação, e transformou segmentos tradicionais, como o financeiro, o educacional e o de saúde (SCHWAB, 2016).

As mudanças ocasionadas pela digitalização incluem o aumento da conectividade e da mobilidade global, o surgimento das redes sociais, a democratização do acesso à informação e a automação de processos industriais e comerciais. Essas transformações mudaram a dinâmica do mercado de trabalho e o cotidiano das pessoas, e possibilitaram maior eficiência e inovação.

Em suma, a revolução eletrônica digital descreve um período de intensa transformação tecnológica e digital, que continua a evoluir e a moldar o futuro da sociedade global.

Diferenças entre revolução digital e Indústria 3.0

Muitos autores definem a revolução digital como a terceira revolução industrial, ou até mesmo como parte dela; contudo, tal definição incorre em um equívoco lógico e didático, que é necessário evidenciar e evitar, uma vez que os grandes avanços que catalisaram a revolução digital foram a descoberta dos materiais semicondutores e, consequentemente, o surgimento da eletrônica digital e da computação. Estas, posteriormente, impulsionaram a indústria aeroespacial, sobretudo durante a corrida espacial, em plena Guerra Fria.

Portanto, é importante reconhecer que, embora haja uma relação convergente e dependente entre a terceira revolução industrial e a revolução digital, elas representam fenômenos distintos, cada uma com suas próprias características e implicações (MITCHELL, 2001).

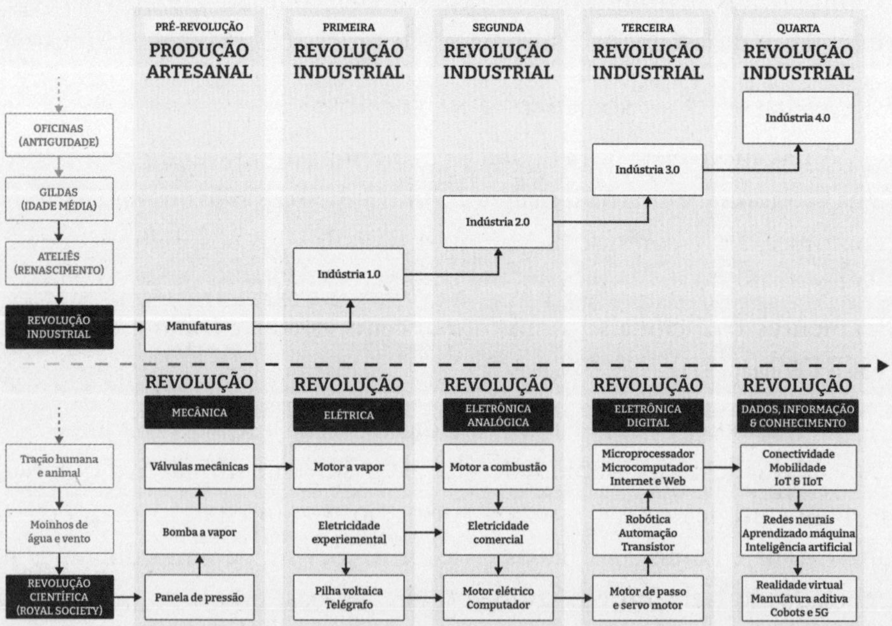

Figura 10 – Revoluções simultâneas

A revolução digital é o legado da revolução científica, enquanto a terceira revolução industrial é uma etapa da Revolução Industrial.

A convergência entre ambas as revoluções citadas (científica e industrial) e, consequentemente entre ambas as etapas (digital e Indústria 3.0), respectivamente, foi responsável por viabilizar o surgimento da Indústria 4.0.

No entanto, para melhor compreender as etapas da Revolução Industrial, será necessário ter uma visão geral da história da indústria.

Revolução Industrial

A Revolução Industrial é como se convencionou descrever uma série de transformações econômicas, tecnológicas e sociais que se iniciaram no final do século XVIII e continuaram ao longo dos séculos XIX, XX e XXI (ALLEN, 2001).

Essas transformações mudaram, profundamente, a maneira como os produtos eram fabricados, a estrutura da economia e a vida das pessoas em todo o mundo.

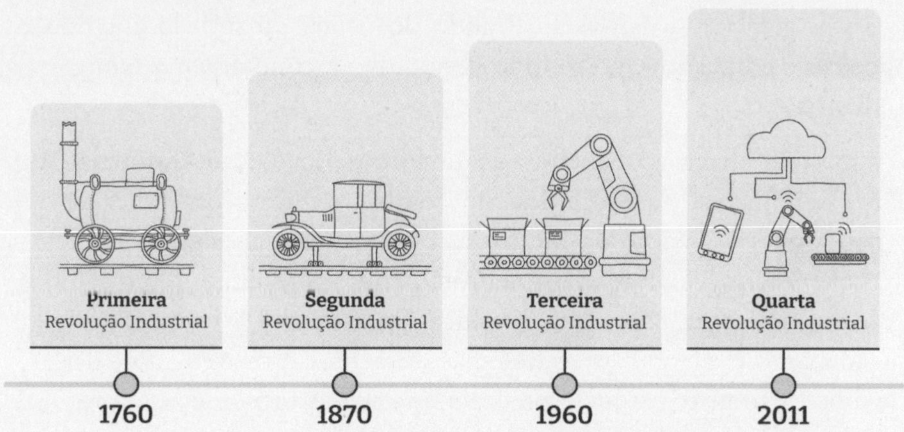

Figura 11 – Linha do tempo da Revolução Industrial

A Revolução Industrial teve início durante o período de transição entre o feudalismo e o capitalismo, que coincide com a era do mercantilismo (HOBSBAWM, 1996).

O mercantilismo foi um sistema econômico que prevaleceu na Europa entre os séculos XVI e XVIII, caracterizado pela forte intervenção do Estado na economia, com o objetivo de acumular riquezas, especialmente através do comércio exterior, do colonialismo e da escravidão. Esse período foi marcado pelo aumento das práticas comerciais, o que, consequentemente, impulsionou o desenvolvimento das cidades e o surgimento de uma nova classe social (LUTZ, 2020).

A Revolução Industrial, que começou na Inglaterra por volta de 1760, marcou a transição para um novo modelo econômico, o capitalismo industrial. Esse período foi caracterizado pela substituição do trabalho artesanal, pela produção em massa nas fábricas, pela introdução de máquinas a vapor, por tecnologias avançadas e pelo desenvolvimento de novos métodos de produção e organização do trabalho. Esses avanços contribuíram para o crescimento econômico e para a consolidação do capitalismo como o sistema econômico dominante.

A abordagem historiográfica adotada na elaboração deste livro parte da pré-revolução científica e industrial, passa pelo presente e segue no sentido do futuro. Além disso, considera, principalmente, a convergência entre ambos os processos revolucionários, que são os alicerces sobre os quais as gerações atuais estão tirando do papel, ou seja, levantando os alicerces e edificando, no sentido denotativo e conotativo, a famigerada Indústria 4.0.

Existem diversas maneiras de definir a Revolução Industrial 4.0. Por exemplo, ela pode ser descrita como a genitora da Indústria 4.0, senão a quarta geração da indústria. No entanto, em algum momento, certamente, os historiadores a definirão como o resultado ou o saldo da convergência entre a terceira revolução industrial e a revolução digital, de maneira a integrar as tecnologias existentes e provenientes das três revoluções industriais que a precederam com as tecnologias avançadas e legadas no âmbito da revolução científica. Dentre as quais podemos citar as mais proeminentes:

TECNOLOGIAS AVANÇADAS		
DESCRIÇÃO	Hardware	Software
Descobrimento dos materiais semicondutores	X	
Sensores	X	
Eletrônica analógica	X	
Eletrônica digital	X	X
Internet	X	X
Internet das coisas	X	X
Internet industrial das coisas	X	X
Comunicação entre máquinas	X	X
Sensores inteligentes	X	X
Conectividade	X	X
Mobilidade	X	X
Servidores de armazenamento	X	X
Computação na nuvem	X	X
Inteligência para negócios	X	X
Inteligência artificial	X	X
Aprendizado da máquina	X	X
Aprendizado profundo	X	X
Redes neurais	X	X
Blockchain	X	X
Processamento de linguagem natural	X	X
Visão computacional	X	X
Robótica	X	X
Ciência de dados	X	X
Realidade virtual, aumentada e mista	X	X
Manufatura aditiva	X	X

Figura 12 – Tecnologias da Revolução Industrial 4.0

A essa altura você, caro leitor, que chegou até aqui ávido para obter conhecimento, já deve ter se perguntado: **mas, afinal, que relação há entre tudo isso e a manutenção?**

A relação entre o saldo tecnológico das três revoluções industriais, somado ao legado da revolução científica, mais especificamente à sua mais recente etapa, conhecida como revolução digital, pode ser resumida no que se convencionou chamar de Indústria 4.0.

A Indústria 4.0, em suma, pode ser definida como a integração plena entre engenharia de manutenção, confiabilidade e gestão de pessoas, serviços, ativos, energias, resultados e riscos. Ou seja, estamos falando de uma indústria assistida por hardware, software e pessoas, que deu origem à manutenção 4.0 e, consequentemente, à manutenção assistida, que será pormenorizada mais adiante, após a breve e necessária atualização conceitual do próximo capítulo.

Figura 13 – Integração estratégica

Seja bem-vindo à Indústria 4.0

Como descrito no prefácio, este livro se propõe a guiar e a integrar você, leitor, ao chão de fábrica da Indústria 4.0.

Para além das críticas, dos desafios e da análise histórica, este livro contempla uma síntese conceitual, capaz de subsidiar os leitores, de maneira a prepará-los para a compreensão e aplicação do conceito de **Manutenção Assistida**, termo cunhado por Igor Marinelli, para definir e difundir uma nova **estratégia** e, ao mesmo tempo, um **tipo** de manutenção, proposto para somar, ao invés de substituir, as estratégias e os tipos de manutenção preexistentes, assim como para classificá-los adequadamente. Afinal, trata-se da integração, senão da evolução deles, catalisada pela convergência entre a **revolução científica (digital)** e a **industrial**, assim como entre hardware e software.

Ao idealizar este livro, nos deparamos com o desafio de analisar brevemente o passado e o presente nos pormenores. O objetivo, aqui, é obter os subsídios necessários para tentar predizer, com a maior precisão possível, não só o futuro da indústria, como também o da engenharia de manutenção, de confiabilidade e da gestão de pessoas, serviços, ativos, energias e riscos.

Portanto, esperamos, sinceramente, termos superado esse desafio e alcançado o nosso objetivo, sem digressões significativas, através dessa introdução, integração, senão ambientação, ao contexto tecnológico contemporâneo. Nosso objetivo é facilitar a leitura ao nivelar o conhecimento sobre de onde viemos, onde estamos e nos possibilitar prever para onde iremos.

Enfim, seja bem-vindo à quarta geração da indústria (Indústria 4.0), ou, se preferir, à indústria digital, inteligente, conectada e cognitiva[7].

7. O termo "cognitivo" refere-se aos processos mentais envolvidos na aquisição de conhecimento e compreensão. Esses processos incluem todas as formas de percepção, raciocínio, julgamento, memória, tomada de decisão e resolução de problemas. Em outras palavras, "cognitivo" diz respeito às atividades mentais ou de sistemas que permitem o processamento de informações e a aplicação do conhecimento.

CAPÍTULO 1 – MANUTENÇÃO

Ao considerar a diversidade de bons livros sobre manutenção que há disponível no mercado editorial técnico e científico, consideramos desnecessário submergir profundamente na definição e na história sobre ela. Portanto, decidimos nos apegar aos pormenores de questões atuais e latentes, antes de entrarmos, efetivamente, no assunto objeto deste livro, que é a manutenção assistida.

O conteúdo deste livro foi idealizado e proposto para ser um guia de referência na transição entre a terceira e a quarta geração da manutenção, que está ocorrendo, simultaneamente, com a transição geracional da indústria.

Diante da convergência entre revolução científica (digital) e industrial, que são os dois processos em curso responsáveis por edificar os alicerces da Manutenção 4.0, declaramos, definitivamente, que este livro é uma espécie de integração entre o velho e o novo, o analógico e o digital, assim como entre os profissionais e o chão de fábrica 4.0.

Afinal, quando um profissional é contratado para trabalhar em uma planta industrial, ele deve, compulsoriamente, passar por um processo de integração, ou pelo menos deveria, pois esta é uma boa prática de gestão da segurança e de riscos muito comum no mercado. Logo, a proposta deste livro é pegar nas mãos dos leitores e levá-los com segurança para integrá-los ao chão de fábrica digital, inteligente e cognitivo, ou seja, ao chão de fábrica 4.0.

Além, é claro, de provocá-los a conhecer e refletir, de maneira holística, as mudanças e as inovações abruptas que as gerações atuais estão testemunhando e protagonizando, sem, entretanto, observarem e analisarem os detalhes. Afinal, elas estão ocupadas demais com a rotina, na missão de manter as máquinas funcionando para a produção ou para a operação à moda antiga.

Definição de manutenção

Segundo o dicionário (MICHAELIS, 2024), manutenção deriva do substantivo em latim "manutentio", porém existem algumas literaturas que atribuem a etimologia da palavra ao verbo "manutenēre". O substantivo manutentio refere-se ao departamento, ou ao setor de uma empresa responsável pelas atividades descritas pelo verbo manutenēre, que, por sua vez, é atribuído ao trabalho dos profissionais da manutenção, cujo significado é: **"Ato de pegar ou segurar pelas mãos ou com as mãos, para manter, sustentar ou conservar"** (MICHAELIS, 2024).

Segundo a norma **ABNT NBR 5462 (Associação Brasileira de Normas Técnicas – ABNT; Normas Brasileiras de Regulamentação – NBR),** elaborada pela COMISSÃO DE ESTUDO DE CONFIABILIDADE, 1994, manutenção é a combinação de todas as ações técnicas e administrativas, inclusive as de gestão, destinadas a manter ou a recolocar um item em um estado no qual possa desempenhar uma função requerida, durante um determinado intervalo de tempo.

Enfim, é possível parafrasear **William Deming**, em sua célebre frase, para definir manutenção:

> "Não se mantém o que não se controla, não se controla o que não se programa, não se programa o que não se planeja, não se planeja o que não se conhece, e não se conhece o que não se pega, segura, ouve, escuta, vê ou observa."

Redefinição de manutenção

A definição etimológica, léxica e normativa de manutenção, carece de atualização, pois precisa passar a considerar o contexto empírico e atual da indústria. Portanto, é latente a necessidade de redefini-la, sem alterar o significado preexistente, para incluir:

- exemplos de integração para representar melhor a manutenção preditiva contemporânea;
- uma objeção relacionada à segurança intrínseca a modificações, adaptações ou melhorias;
- a fusão com o conceito de gestão de ativos, ao substituir rótulos como máquinas, equipamentos, instrumentos e ferramentas por ativos;
- a fusão com o conceito de confiabilidade, ao considerar a função, o ciclo de vida e os riscos do ativo.

A Manutenção é, pois, o ato de pegar ou segurar pelas mãos, ou com as mãos (ultrassonografia e radiografia), ouvir ou escutar (análise de vibrações e monitoramento on-line), ver ou observar (análise de trincas e termografia) para manter, sustentar ou conservar um ativo físico, sistema, componente ou peça, sem alterar o projeto, ou seja, sem que haja o objetivo de realizar modificações que resultem em melhorias.

Assim, será possível que o ativo desempenhe a função determinada em projeto, sob condições específicas, com elevada disponibilidade, mantenabilidade, confiabilidade e, principalmente, com segurança, durante um determinado intervalo de tempo, conhecido como clico de vida útil. Dessa forma, consegue-se garantir produtividade e mitigar perigos e passivos, de maneira que os ativos e os processos não se tornem onerosos e não ofereçam riscos para as pessoas ou para o negócio.

Diferenças entre Manutenção x Melhoria

A aplicação de ensaios não destrutivos (ENDs), através de instrumentos ou periféricos como sensores IIoT (Internet Industrial das Coisas), devidamente homologados, que não alteram o projeto, tampouco o funcionamento do ativo ou a função dele no processo, são exemplos de pequenas adaptações que podem ser realizadas pela manutenção, sem a necessidade de um reprojeto. Isso, no entanto, não exclui a necessidade de supervisão e de orientação de um engenheiro. Esses dispositivos geralmente possuem um responsável técnico em sua origem, que é o engenheiro contratado pelo próprio fabricante, desenvolvedor ou importador, para homologar o produto de acordo com a normatização e a legislação vigente em cada país.

Toda melhoria que foge dessa exceção citada no parágrafo anterior só pode ser realizada sob a supervisão e orientação de um engenheiro habilitado com registro no CREA (Conselho Regional de Engenharia e Agronomia).

Para realizar uma melhoria em um ativo, é necessário um reprojeto nos termos da Norma Regulamentadora NR12, que determina a necessidade de uma análise de risco e nos termos da Lei 6.496/77, que estabelece a necessidade de registrar e formalizar o processo de melhoria, através de uma Anotação de Responsabilidade Técnica (ART), de maneira que um item submetido a ela não passe a representar riscos.

Um exemplo de tentativa de realização de melhoria que resultou em uma tragédia, no ano de 1994, foi a modificação da barra de direção do veículo de Fórmula 1 do piloto Brasileiro Ayrton Senna, um Williams FW16. Que por questões ergonômicas, foi submetida a uma adaptação improvisada e provisória, para elevar a altura do volante (que estava muito baixa para o Senna) e aproximá-lo do piloto. À época Senna sofria com a falta de espaço dentro do veículo e reclamava da posição do volante, que pressionava a região dorsal de suas mãos contra as fibras de carbono, o que causava atrito e, consequentemente, lesões na pele.

O veículo Williams FW16 foi projetado por Adrian Newey (designer dos veículos), engenheiro e projetista britânico de Fórmula 1, que admitiu, posteriormente, que o projeto do veículo possuía muitos erros inadmissíveis.

> "Não importa se a coluna de direção causou o acidente ou não. É impossível esquecer que a barra de direção (eixo) era uma peça mal desenhada, que nunca deveria ser permitida em um veículo."
>
> **Adrian Newey**

Apesar de o projeto do veículo ter diversos erros inadmissíveis, não só no aspecto aerodinâmico, como também na coluna e na barra de direção que não era adaptável no aspecto ergonômico, a falha que causou o acidente não foi, exatamente, um erro de concepção (Desenvolvimento & Projeto), mas, sim, uma tentativa improvisada de adaptá-lo provisoriamente, para se obter uma melhoria sem antes elaborar um reprojeto. Essa prática não era correta, mas era comum na Fórmula 1 e em outras competições e contextos até meados da década 90. Em muitos casos, primeiro as modificações eram executadas empiricamente, depois eram testadas, para, só então, depois disso, serem homologadas e incluídas no reprojeto.

Contudo, a adaptação realizada foi uma alternativa provisória proposta pelos engenheiros da Williams, que contou com a participação de outros membros da equipe técnica, dentre eles mecânicos e o próprio piloto Ayrton Senna, que solicitou a melhoria. O processo, no entanto, não contou com a supervisão de Adrian Newey (o pai do projeto), tampouco foi realizada nos termos de um reprojeto.

Esses fatores somados ao tempo limitado e à suposição de que a modificação seria suficientemente segura levaram a equipe da Williams a optar pela adaptação improvisada para realizar a melhoria de forma provisória.

Infelizmente, em vez de solicitar a confecção de um reprojeto e, posteriormente, através de um torneiro, a usinagem de uma nova barra de direção, a partir de um único tarugo de material virgem (sem emendas), a Williams considerou que não seria possível fazer isso em tempo hábil, tampouco no paddock (boxes e oficinas temporárias) do autódromo. E atribuiu isso a alguns fatores, como, por exemplo:

- irresponsabilidade técnica;
- tempo limitado;
- inexistência de uma oficina especializada;
- falta de recursos (torno, serra, ferramentas e insumos).

Após diversas reclamações do piloto, durante os treinos livres da pré-temporada, em entrevistas e em conversas internas, a equipe técnica da Willians resolveu executar a adaptação que foi improvisada e parcialmente realizada no paddock do autódromo de Ímola, durante o fim de semana do Grande Prêmio (GP) de San Marino.

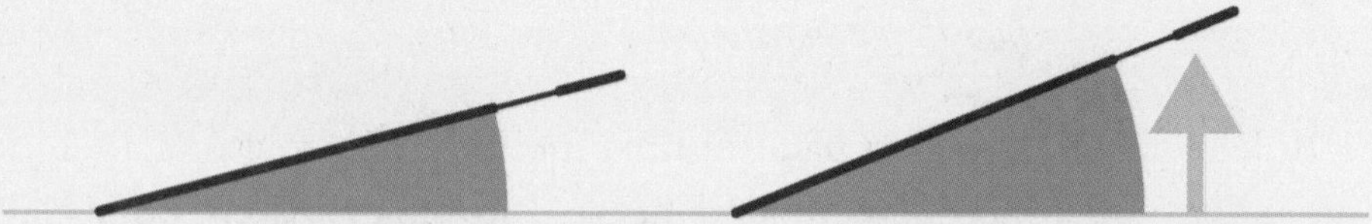

Figura 14 – Barra de direção da Williams FW16

O prolongamento e a elevação do volante exigiram o corte da barra de direção original e a emenda de um pedaço de material de diâmetro menor com uma luva, através de uma solda entre a superfície e a secção dos materiais que possuíam diâmetros diferentes. Isso alterou as especificações do projeto ao temperar (alterar) a dureza do material e implantou uma falha em potencial.

Falha esta que, no dia 1º de maio de 1994, causou uma tragédia, durante o GP de San Marino, na Itália, corrida que fazia parte do Campeonato Mundial de Fórmula 1. As tensões e vibrações comuns durante as corridas, causadas pelos buracos e pelas ondulações das pistas, iniciaram um processo de fadiga, que causou uma fratura dúctil (fratura lenta após deformação elástica e plástica conforme descrito pela Lei de Hooke), ou seja, uma ruptura ou fratura da barra de direção e, por consequência, da solda, exatamente no local onde foi realizada a emenda. Justamente isso foi o que causou uma falha funcional da barra de direção.

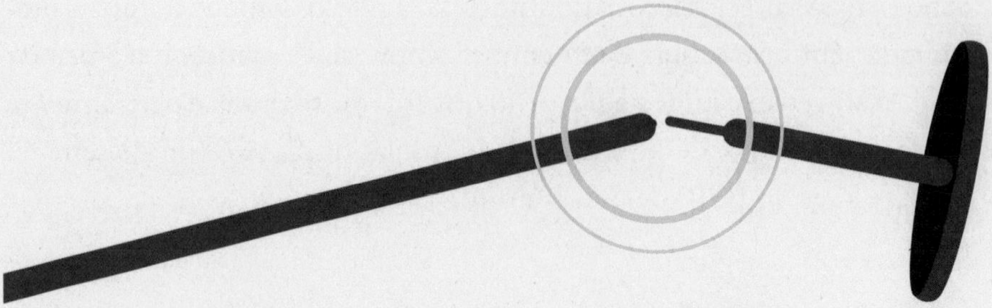

Figura 15 – Ponto de ruptura da barra de direção

Infelizmente, o que era para ser uma modificação provisória acabou tornando-se uma modificação permanente com uma falha em potencial e, consequentemente, em falha funcional. Essa modificação fez com que o piloto Ayrton Senna perdesse o controle da direção, já que a caixa de direção passou a não responder de maneira adequada aos seus comandos ao volante. Isso ocorreu a uma velocidade de, aproximadamente, 308 km/h, na curva tamburello do Autódromo Enzo e Dino Ferrari, causando o acidente fatal com colisão a 195 km/h, que resultou na morte do piloto, que, à época, era uma lenda da Fórmula 1.

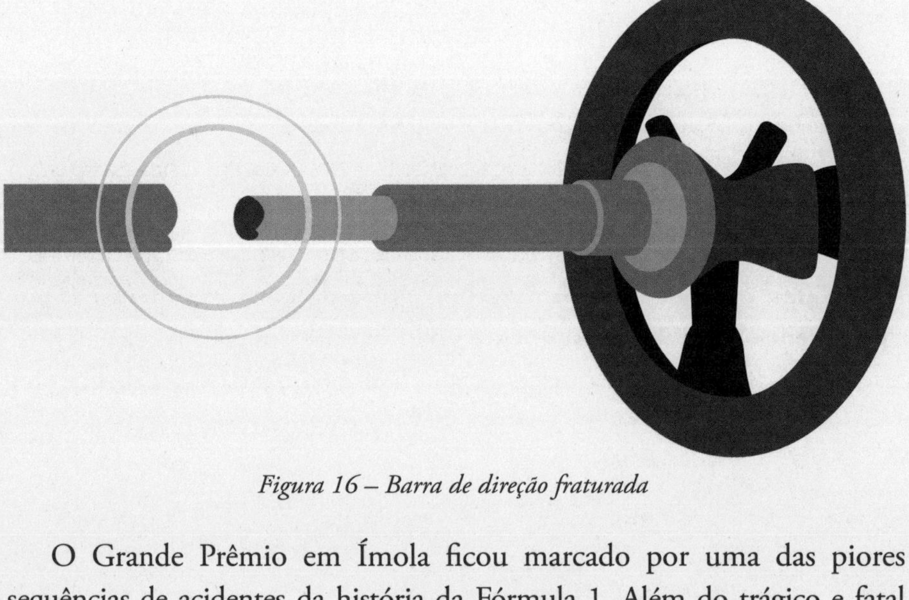

Figura 16 – Barra de direção fraturada

O Grande Prêmio em Ímola ficou marcado por uma das piores sequências de acidentes da história da Fórmula 1. Além do trágico e fatal acidente envolvendo o piloto Ayrton Senna, Rubens Barrichello e Roland Ratzenberger também sofreram acidentes graves durante o GP de San Marino.

Essa sequência desastrosa de acidentes obrigou a direção da competição a rever todas as normas, procedimentos de segurança e de manutenção e consequentemente de alterações estruturais de itens relacionados diretamente com a segurança, como, por exemplo, a barra de direção, que passou a exigir reprojeto, testes de segurança e homologação perante a Federação Internacional de Automobilismo (FIA).

Um exemplo hipotético disso seria remover um sensor do tipo cortina de luz e o comando bimanual, que foram instalados em uma prensa para mitigar o risco latente de o operador prensar as mãos, com o objetivo de otimizar o processo de produção de peças e ganhar alguns segundos em cada operação. Nesse contexto, o que, aparentemente, pode representar uma MELHORIA, acabaria expondo o operador ao perigo de sofrer um acidente com amputação de membros e até mesmo de risco de morte. Portanto, esse tipo de modificação dos ativos não é função da manutenção, e sim da engenharia.

Figura 17 – Perigo x Risco

Enfim, para além da provocação acerca da necessidade de reorganizar e rever conceitos de acordo com a conjuntura atual, a redefinição e a diferenciação conceitual propostas são simplesmente atualizações fundamentadas na leitura e na interpretação da legislação, regulamentação e normatização vigentes, assim como das metodologias e dos métodos científicos, experimentais e práticos, e observações empíricas contemporâneas.

História da manutenção

A história da manutenção remonta aos primórdios da Revolução Industrial, quando o aumento da produção e a introdução de máquinas complexas exigiram a implementação de cuidados mais sistemáticos para garantir seu funcionamento contínuo.

No início, a manutenção era realizada de forma reativa, ou seja, as falhas eram corrigidas apenas após a ocorrência de defeitos ou falhas. No entanto, com o tempo, as indústrias começaram a perceber que a prevenção de falhas e a manutenção regular poderiam aumentar a vida útil das máquinas e melhorar a eficiência operacional.

Período	Geração	Estágio	Tipo	Tática	Características						Responsável
1760 - 1914	Primeira	MBF - Manut. Baseada na Falha	Improvisada	Reativa	✗	✗	✗	✗	✗	✓	Produção
1914 - 1930	Primeira	MDB - Manut. Baseada no Defeito	Corretiva	Reativa	✗	✗	✗	✗	✗	✓	Produção
1930 - 1950	Segunda	MBT - Manut. Baseada no Tempo	Preventiva	Proativa	✓	✗	✗	✗	✗	✓	Produção
1950 - 1980	Segunda	MBU - Manut. Baseada na Utilização	Preditiva	Detectiva	✓	✓	✓	✗	✗	✓	Manutenção
1980 - 2011	Terceira	MCF - Manut. Centrada na Função	Preditiva Prescritiva	Descritiva	✓	✓	✓	✓	✓	✓	Manutenção
2011 - Futuro	Quarta	MCC - Manut. Centrada na Condição (Risco)	Preditiva Assistida	Deliberativa	✓	✓	✓	✓	✓	✓	Manutenção IIoT + IA
Engenharia de Manutenção					PLANEJAMENTO	PROGRAMAÇÃO	CONTROLE	CONFIABILIDADE	MATERIAIS	MANUTENÇÃO	PCM 2.0

Figura 18 – Infográfico das classificações da manutenção

Com o avanço tecnológico e a evolução das máquinas, a manutenção foi se tornando uma função menos operacional e tática e, recentemente, mais estratégica para as empresas. Na metade do século XX, surgiram conceitos como manutenção preventiva e preditiva, que buscavam antecipar falhas antes que elas ocorressem.

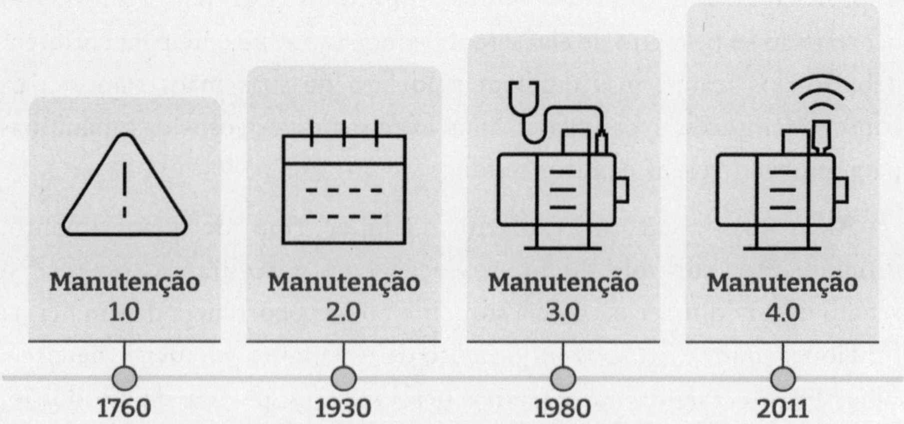

Figura 19 – As gerações da manutenção

Ao longo das décadas seguintes, surgiram novas técnicas, como a manutenção centrada na confiabilidade (MCC/RCM) que somada a manutenção preditiva e a utilização de tecnologias avançadas, revolucionou ainda mais os processos de manutenção. Essa evolução passou por quatro momentos distintos, os quais, geralmente, são descritos como gerações e cada uma delas possui características distintas.

Manutenção de primeira geração (1.0)

Desde o início da primeira Revolução Industrial (1760), processo que se iniciou lá na indústria de tecelagem de Londres na Inglaterra, quando as máquinas manuais começaram a ser mecanizadas, a partir do surgimento do motor a vapor, as atividades de manutenção eram realizadas pela produção, ou seja, pelos próprios operadores das máquinas (O'BRIEN, 2016).

O improviso era a característica da manutenção de primeira geração, também conhecida como Manutenção Baseada na Falha (MBF) e Manutenção Baseada no Defeito (MBD), ou seja, a manutenção improvisada e corretiva era realizada, em muitos casos por crianças. Isso ocorria não só pelo fato de elas serem pequenas o suficiente para entrarem debaixo dos teares, mas também pelo fato de suas mãos minúsculas, conseguirem acessar os lugares mais estreitos e perigosos das máquinas para remover tecidos e outros resíduos.

Além disso, ela ocorria sem qualquer tipo de planejamento, programação, controle ou preocupação com a segurança, ou seja, o reparo das máquinas acontecia somente após a ocorrência de uma falha funcional (falha), ou após surgimento de uma falha potencial (defeito). Esse tipo de manutenção reativa ocasionava a parada da produção, quando não, acidentes com membros decepados ou amputados, senão com vítimas fatais.

Nos casos mais complexos, que demandavam a substituição de peças, ferramentas especiais ou habilidades específicas, o inventor ou o fabricante da máquina era acionado para diagnosticar e realizar o reparo. Muitas vezes, isso demorava horas, dias, semanas, meses inteiros, o que causava desperdício de recursos, devido ao elevado tempo de máquina e mão de obra paradas.

Manutenção de segunda geração (2.0)

A manutenção foi rudimentar da maneira anteriormente descrita até o surgimento da Ford em 1914, pois a Henry Ford passou a planejar e programar a produção, e o Fordismo tinha como característica a extrema especialização da mão de obra e a padronização da produção, que ocorria em linha de montagem (HOUNSHELL, 1984)

Contexto satirizado por inflação, em Tempos Modernos (1936), um filme clássico de drama comédia, protagonizado por Charlie Chaplin.

A partir de 1914, iniciou-se, então, um processo de especialização técnica da mão de obra, nos moldes do Taylorismo e do Fordismo, que levou ao surgimento da manutenção preventiva insipiente, após a Primeira Guerra Mundial, ou seja, entre 1920 e 1930.

Contudo, foi somente durante Segunda Guerra Mundial (1939/1945), e após ela, mais especificamente na primeira década inicial da corrida espacial, que a manutenção de segunda geração, também conhecida como Manutenção Baseada no Tempo (MBT), ou manutenção preventiva, consolidou-se e passou a ser sistematizada e controlada adequadamente. Ou seja, ela passou a ser realizada antes da ocorrência de uma falha funcional, já que era programada sob determinados critérios e parâmetros, que funcionavam como gatilhos para ser programada na iminência de uma falha potencial, e calculada, especificamente, com base no tempo (MOBLEY, 2004).

Anacrônicos, o Taylorismo e o Fordismo já não funcionavam adequadamente, porque eram inviáveis do ponto de vista econômico, humano, social e ambiental. Isso ficou ainda mais evidente durante a terceira Revolução Industrial, cuja principal característica foi a hegemonia do Toyotismo, ou seja, do Sistema Toyota de Produção (LIKER, 2004).

A empresa Japonesa Toyota, que se tornou a maior indústria automotiva do mundo, comportou-se como vanguarda durante a terceira Revolução Industrial, cuja principal característica foi o surgimento e a implementação da automação e da robótica nos processos industriais (consequência do surgimento de tecnologias e inovações), como, por exemplo:

- motor de passo;
- servo motor;
- encoders;
- transistor de silício;
- eletrônica digital;
- computação;
- microinformática;
- robótica.

Todos esses adventos tecnológicos surgiram em consequência da Primeira e da Segunda Guerra Mundial, assim como da corrida espacial, pois esses eventos impulsionaram pesados investimentos estatais em áreas como Educação, Pesquisa, Desenvolvimento (P&D) e Inovação Tecnológica (JACOBSEN, 2015).

Manutenção de terceira geração (3.0)

Na década de 50, surgiu, a partir da indústria de aviação nos Estados Unidos, o conceito de Engenharia de Manutenção, cuja função era planejar, programar e controlar a manutenção preventiva. Consequentemente, isso deu origem ao processo de especialização dos operadores com habilidades específicas, que se tornaram técnicos especializados em manutenção. Eles foram desvinculados da produção ou da operação e se tornaram, efetivamente, manutentores (DHILLON, 2002).

Acreditava-se que a Manutenção Produtiva americana seria a evolução da Manutenção Preventiva, que levaria a um cenário de falha zero, o que não ocorreu até 1965 (NAKAJIMA, 1988).

Apesar de a Manutenção Produtiva conseguir reduzir a quantidade de falhas, e mesmo após ter sido exportada dos Estados Unidos para o Japão, durante o período de reconstrução, por George Smith, J. Juran e William Deming, ela não atingiu o objetivo proposto, por não conseguir alcançar a famigerada falha zero.

Posteriormente, a Manutenção Produtiva, acabou sendo repaginada pela Nippon Denso (empresa do grupo Toyota), com forte influência da Manutenção Preventiva e da Manutenção Produtiva americana e ressurgiu como Manutenção Produtiva Total (TPM) (PLANT, 2000).

Então, em 1965, com consolidação da manutenção de segunda geração baseada no tempo, surgiu a Manutenção Baseada na Condição (MBC), ou seja, a manutenção preditiva detectiva, ou somente preditiva. Esse tipo de manutenção se espalhou, rapidamente, nos Estados Unidos e no Reino Unido, onde foi aplicada, inicialmente, na aviação. Posteriormente, evoluiu e acabou sendo difundida, de maneira ampla, nas décadas seguintes, principalmente durante as décadas de 80 e 90, em sua versão enxuta e específica para a indústria, conhecida como Manutenção Centrada na Confiabilidade (MCC ou RCM) (MOUBRAY, 1997).

Inicialmente, a manutenção preditiva era apenas detectiva, ou seja, subsidiava o manutentor, com o diagnóstico da condição do ativo analisado. Isso significa dizer que indicava se havia ou não defeito. No entanto, com o acúmulo de dados, passou a ser, também, descritiva, no sentido de, a partir do diagnóstico, sugerir o prognóstico, então além de prever falhas, ela passou a determinar consequências.

Esse processo de evolução da manutenção preditiva, impulsionado pelas tecnologias que surgiram após o início do século XXI, deu origem a um novo tipo de manutenção: a manutenção preditiva prescritiva.

Nesse contexto, quando começamos a armazenar grande quantidade de dados sobre a condição e o desempenho dos ativos industriais, percebemos que era possível analisá-los e transformá-los em informações úteis, para obter diagnósticos a partir de falhas potenciais. Além disso, prognósticos passaram a ser utilizados para prescreverem ações e evitarem falhas funcionais ao tratarem falhas potenciais (defeitos).

A manutenção prescritiva é baseada em hardware, software e seres humanos. Os três, juntos, realizam a coleta, o armazenamento, a mineração e a análise dos dados.

Ao aplicar hardware e software para realizar a manutenção prescritiva, surgiram os famigerados sistemas de telemetria, que ainda dependiam dos seres humanos para manipular, minerar dados e reportar informações relevantes para o processo deliberativo. Esse processo, no entanto, era moroso e caro do ponto de vista dos recursos consumidos (hardware, software e mão de obra altamente especializada).

Contudo, mais recentemente, os sistemas de telemetria, ao serem associados a sensores inteligentes, evoluíram para um novo patamar classificado como monitoramento on-line da condição e desempenho dos ativos. Logo a manutenção prescritiva passou a depender, exclusivamente, de um processo que requer a aplicação de tecnologias avançadas, indicadas na figura abaixo.

Inglês	
Industrial Internet of Things	IIoT
Smart Sensors	SS
Machine Between Machine Communication	M2M
Cloud Computing	CC
Big Data	BD
Business Intelligence	BI
Neural Networks	NN
Machine Learning	ML
Artificial Intelligence	AI

Português	
Internet Industrial das Coisas	IIdC
Sensores Inteligentes	SI
Comunicação entre Máquinas	CeM
Computação na Nuvem	CN
Servidores de Armazenamento	SA
Inteligência para Negócios	IN
Redes Neurais	RN
Aprendizado de Máquina	AM
Inteligência Artificial	IA

Figura 20 – Tecnologias avançadas e suas siglas

Manutenção de quarta geração (4.0)

Com o advento da conectividade e da mobilidade, que nos permitiram estabelecer a comunicação entre máquinas e entre pessoas, finalmente, a indústria foi conectada na internet industrial das coisas e as máquinas passaram a alimentar bancos de dados, por meio de sensores inteligentes e da comunicação entre máquinas.

Hospedados on-line através de servidores de computação na nuvem, esses bancos de dados foram integrados a sistemas, elencados na figura a seguir.

Inglês		Português	
Enterprise Resource Planning	ERP	Planejamento de Recursos Empresariais	PRE
Manufacturing Execution System	MES	Sistema de Execução da Manufatura	SEM
Material Requirements Planning	MRP	Planejamento das Necessidades de Material	PNM
Enterprise Asset Management	EAM	Sistema de Gestão de Ativos Empresariais	SGAE
Reliability Analysis and Management Software	RAMS	Sistema de Análise e Gerenciamento de Confiabilidade	SAGC
Computerized Maintenance Management System	CMMS	Sistema Computadorizado de Gestão da Manutenção	SCGM

Figura 21 – Tipos de sistemas empresariais

Em pouco tempo, esses sistemas (ERP, MES, MRP, EAM, RAMS e CMMS) ficaram abarrotados e transbordaram dados. Convencionou-se chamar esse processo de big data.

Fato é que esses dados precisavam ser minerados e analisados de maneira automática, pois os sistemas e as ferramentas de ***business intelligence*** não deram conta e não havia mão de obra qualificada, tampouco orçamento para fazer a análise minuciosa que precisava ser feita. Foi aí que surgiu a manutenção assistida enquanto nova estratégia e tipo de manutenção.

Isso porque, ao aplicar aprendizado de máquina, redes neurais e inteligência artificial, na manutenção preditiva e prescritiva, a manipulação e a mineração de dados passaram a ser feitas de maneira autônoma por hardware e software. Estes se tornaram capazes de analisar os dados para produzirem informações úteis aos processos deliberativos, tanto do nível tático como do nível estratégico das empresas.

No próximo capítulo, há uma abordagem pormenor sobre o conceito de manutenção assistida. Em suma, podemos defini-la como uma estratégia e, ao mesmo tempo, como um tipo de manutenção, em que hardware e software integrados assistem e dão assistência aos processos industriais e de manutenção, para detectar, descrever e deliberar sobre o que, onde, como, quando e quem deve realizar uma determinada atividade de manutenção corretiva, preventiva, preditiva ou prescritiva. Todo esse processo é, por sua vez, assistido pelos engenheiros, que tiveram a participação tática no processo reduzida, e que passaram a atuar de maneira mais estratégica.

Nesse contexto, não é exagero afirmar que a manutenção assistida contribui, radicalmente, para manter a confiabilidade determinada no projeto e o ciclo de vida útil dos ativos, através do monitoramento online, de maneira a otimizar despesas e "gerar receita". Em outras palavras, ela é o último prego na tampa do caixão daqueles profissionais que insistiam em acreditar e defender a ideia absurda e anacrônica de que:

"A manutenção só gera despesas."

Na realidade, a manutenção é um dos principais investimentos que uma empresa pode fazer. Afinal, para o mercado, uma empresa vale, exatamente, aquilo que ela possui em ativos financeiros e, principalmente, em ativos físicos.

Em outros termos, com o advento da manutenção assistida, aquela sala e os profissionais que ficavam alocados no porão ou embaixo da escada passaram, efetivamente, a ter status estratégico. Isso, por si só, é um excelente motivo para escalar a sua manutenção para o próximo patamar e fazer com que ela seja vista não somente como uma oficina de reparos, mas também como engenharia de manutenção, confiabilidade e gestão de ativos.

A manutenção 4.0, ou a quarta geração da manutenção, também conhecida pela sua intimidade com a Manutenção Centrada na Confiabilidade (MCC), tem como principal característica, senão como pré-requisito, a implementação da manutenção assistida, cujo objetivo é automatizar, parcialmente, os processos de manutenção, para obter a elevada confiabilidade.

Automatização esta que reduz, de forma drástica, a mineração e a manipulação humana de dados, o que ocorria ainda na Indústria 3.0. Nessa Indústria, era necessário utilizar ferramentas de ***business intelligence*** para gerar relatórios com informações úteis, o que passou a ser realizado pela inteligência artificial e determinou o surgimento Indústria 4.0.

Enfim, a manutenção 4.0 é, por convenção, a geração, ou seja, o nível mais elevado de maturidade dos processos de manutenção de uma determinada empresa.

Contudo, antes de iniciar o tão desejado capítulo sobre manutenção assistida, faremos a proposição de conceitos, que muitos profissionais ainda confundem, como, por exemplo filosofias, táticas, tipos, fluxos e gatilho de manutenção. Isso será feito a partir da observação empírica da nossa experiência profissional e até mesmo das poucas normas que falam, superficialmente, sobre o assunto. Vale dizer que não conhecemos nenhum outro autor que ousou determinar e organizar esses conceitos que se perdem, dispersam-se e, às vezes, até se fundem, causando muita confusão e até mesmo desinformação.

Filosofias de manutenção

Intimamente relacionada com a filosofia de gestão empresarial determinada pela diretoria ou pelo conselho deliberativo das corporações, a filosofia de manutenção:

- não é o carro, é a estrada;
- não é o avião, é o céu;
- não é o vento, é a tempestade;
- não é a lua, pois é a noite.

De acordo a norma ABNT NBR 5462, elaborada pela COMISSÃO DE ESTUDO DE CONFIABILIDADE, 1994, a filosofia de manutenção é um conjunto de princípios para a organização e execução da manutenção.

Mas, para além do que determina a norma, é possível ir adiante e estabelecer que esse conjunto de princípios se alinha, intimamente, com as diretrizes da alta gestão das empresas, dos investidores e dos demais interessados.

A filosofia de manutenção, geralmente, é formalizada e registrada nos pormenores, através do Plano Diretor de Manutenção (PDM), documento este que deve ser redigido, de maneira analítica, pelo gestor de manutenção, e divulgado para todas as lideranças do mesmo nível hierárquico e dos níveis acima e abaixo dele. Isso porque, a partir da filosofia da manutenção, o gestor determina as prioridades e as diretrizes de gestão para todos os níveis hierárquicos da manutenção representados na imagem a seguir.

Figura 22 – Níveis hierárquicos da manutenção

A filosofia de manutenção conecta e alinha o nível hierárquico estratégico (gerentes e coordenadores) de manutenção com a presidência, diretoria, com o conselho administrativo e com os demais interessados, assim como a estratégia de manutenção conecta e alinha o nível hierárquico tático (supervisores, encarregados e líderes) com o nível estratégico. Da mesma maneira, a tática conecta o nível operacional (técnicos e manutentores) com o nível tático, para garantir coesão hierárquica, comunicativa e para facilitar o processo deliberativo como um todo.

As filosofias existentes são:

- Engenharia de manutenção;
- Engenharia de confiabilidade;
- Gestão de recursos;
- Gestão de resultados;
- Gestão ESG e Sustentabilidade.

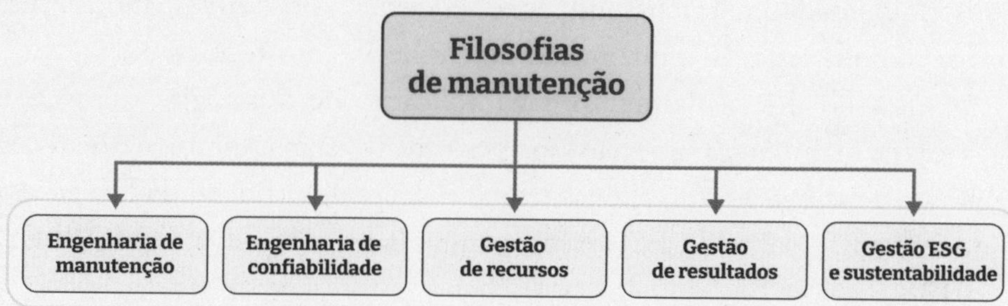

Figura 23 – Filosofias de manutenção

Dentre as filosofias de manutenção existentes, o ideal é que o gestor de manutenção opte por seguir uma única por vez, caso ela o atenda, ou, pode elaborar uma híbrida com, no máximo, duas filosofias, de maneira que reúna a melhor configuração que atenda a necessidade, o contexto e a conjuntura em que ele se encontra. Por exemplo, a filosofia de engenharia de manutenção com foco na gestão de recursos. Nesse processo, no entanto, é importante não desprezar os requisitos essenciais da legislação e da normatização vigente.

Ou seja, a filosofia de manutenção não é imutável e pode ser adaptada de acordo com o contexto, com a conjuntura e até mesmo diante da substituição do gestor de manutenção. Portanto, todos os manutentores devem estar atentos e solicitar acesso a ela, caso não tenham, para que possam se adaptar às mudanças técnicas, administrativas e culturais com rapidez e transparência.

Uma mesma gestão pode adotar filosofias de manutenção distintas em momentos diferentes, para focar na melhoria de determinadas características de contexto ou conjuntura.

Engenharia de manutenção

Filosofia de manutenção que prioriza a aplicação dos princípios e práticas da física, da matemática e das engenharias, especificamente no campo da manutenção, com o objetivo de otimizar e garantir elevada disponibilidade, mantenabilidade e eficiência dos ativos industriais. Essa filosofia enfatiza a integração do conhecimento técnico e da análise científica no desenvolvimento e na aplicação de estratégias robustas e táticas de manutenção que não são apenas reativas, mas também proativas, em vez de se concentrar, apenas, em atividades de confiabilidade e gestão de recursos, resultados, ESG e sustentabilidade (HIGGINS e MOBLEY, 2013).

Engenharia de confiabilidade

Filosofia de manutenção que prioriza fazer com que um sistema ou ativo funcione de maneira confiável e eficiente ao longo de seu ciclo de vida útil. O objetivo principal é manter a funcionalidade projetada, minimizar falhas e otimizar a eficácia das atividades de manutenção, em vez de se concentrar, apenas, em atividades de engenharia de manutenção e gestão de recursos, resultados, ESG e sustentabilidade (MOUBRAY, 1997).

Gestão de recursos

Filosofia de manutenção que prioriza a gestão de recursos, através da otimização e da utilização racional de:

- recursos financeiros;
- recursos humanos;
- recursos materiais;
- recursos naturais;
- conhecimento (dados e informações).

Com objetivo de garantir a máxima eficiência dos processos de manutenção, busca equilibrar custo, qualidade, disponibilidade, mantenabilidade e eficiência dos ativos, garantindo que os recursos sejam alocados de forma estratégica, em vez de se concentrar, apenas, em atividades de engenharia de manutenção, confiabilidade, gestão de resultados e ESG e sustentabilidade.

Gestão e resultados

Filosofia de manutenção que prioriza a obtenção de resultados específicos e mensuráveis em termos de desempenho, custos, segurança e eficiência produtiva ou operacional dos ativos e dos sistemas, em vez de se concentrar, apenas, em atividades de engenharia de manutenção, confiabilidade, gestão de recursos e ESG e sustentabilidade. Ou seja, é a filosofia que se foca em contribuir para alcançar objetivos estratégicos de governança corporativa, por meio de uma gestão eficaz da manutenção (GULATI, 2009).

Gestão ESG & Sustentabilidade

Filosofia de manutenção que busca alinhar as práticas de manutenção aos princípios ambientais, sociais e de governança corporativa (ESG – Environmental, Social and Governance). O objetivo, aqui, é garantir a eficiência operacional dos ativos, em vez de se concentrar, apenas, em atividades de engenharia de manutenção, confiabilidade, gestão de recursos e resultados, para mitigar impactos ambientais, promover a segurança, o bem-estar dos trabalhadores e assegurar conformidade com a legislação e com normatização vigente.

Estratégias de manutenção

Atualmente, pouco se debate sobre as estratégias de manutenção. É bem verdade que na literatura existente até então, assim como na rede mundial de computadores e nas redes sociais, nada ou quase nada há de conteúdo publicado sobre esse assunto.

Quando há algo, em muitos casos, a estratégia é simplesmente reduzida aos tipos de manutenção, de maneira simplória e sem uma organização lógica e racional.

Por esse motivo, ousamos propor mais uma redefinição conceitual, que consideramos extremamente necessária, diante do surgimento da manutenção assistida, que consolidou a manutenção como estratégica para além da indignação e das bravatas, que, geralmente, surgiam quando, por desinformação, alguém dizia que a manutenção era um departamento/setor só gerava despesas.

Portanto, iniciamos propondo algumas estratégias, que consideramos que já existem e são aplicadas de maneira empírica, indiscriminada, inconsciente e não metodológica:

Estratégias de manutenção

- Manutenção assistida;
- Confiabilidade monitorada;

- Gestão de pessoas;
- Gestão de serviços;
- Gestão de ativos;
- Gestão de energias;
- Gestão de riscos.

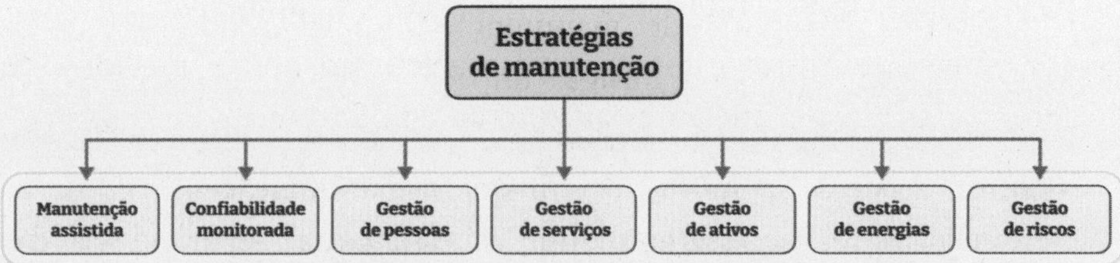

Figura 24 – Estratégias de manutenção

Dentre as estratégias de manutenção existentes, o ideal é que o gestor de manutenção opte por seguir uma única por vez, caso ela o atenda. Também é possível elaborar uma híbrida com, no máximo, duas estratégias, de maneira que ela reúna a melhor configuração que atenda a necessidade, o contexto e a conjuntura em que ele se encontra, sem desprezar os requisitos essenciais da legislação e da normatização vigente.

São exemplos de estratégias:

- Estratégia de manutenção assistida com prioridade na gestão de riscos, aplicável, por exemplo, em empresas com histórico recente de paradas não programadas para manutenção e prejuízos com multas contratuais e ocorrência de acidentes;

- Estratégia de confiabilidade monitorada com prioridade em gestão de energias, aplicável, por exemplo, em empresas com histórico recente de falhas funcionais em ativos críticos e com desperdícios de recursos energéticos;

- Estratégia de gestão de serviços com prioridade em gestão de ativos, aplicável, por exemplo, em empresas com histórico recente de terceirização ineficiente, ativos extraviados ou inconsistência no inventário.

Ou seja, a estratégia de manutenção não é imutável e pode mudar de acordo com o contexto, com a conjuntura e até mesmo diante da substituição do gestor de manutenção. Portanto, todos os manutentores devem estar atentos e solicitar acesso a ela, para que eles possam se adaptar às mudanças técnicas, administrativas e culturais com transparência.

Uma mesma gestão pode adotar estratégias de manutenção diferentes em momentos distintos, para priorizar, seletivamente, a melhoria de determinadas características de contexto ou conjuntura.

Enfim, a partir do momento em que a manutenção obteve status de estratégica, foi necessário definir as estratégias, separando-as das táticas e dos tipos de manutenção. Portanto, isso justifica a definição de manutenção assistida como sendo, simultaneamente, uma estratégia e um tipo de manutenção, afinal tudo depende do referencial adotado, ou seja, do nível hierárquico em que o conceito é contextualizado.

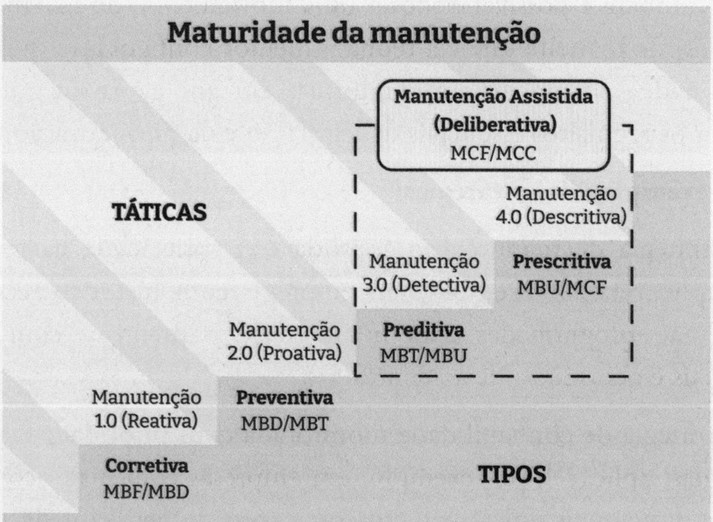

DESCRIÇÃO DOS SUBTIPOS DE MANUTENÇÃO	
MBF Manutenção Baseada na Falha	**MBU** Manutenção Baseada na Utilização
MBD Manutenção Baseada no Defeito	**MCF** Manutenção Centrada na Função
MBT Manutenção Baseada em Tempo	**MCC** Manutenção Centrada na Confiabilidade

Figura 25 – Maturidade da manutenção

Como precisamos nivelar o conhecimento sobre conceitos como manutenção assistida, análise supervisionada e confiabilidade monitorada, antes de descrever as estratégias de manutenção em inteiro teor, deixaremos para pormenorizá-las mais adiante, no capítulo de IMPLEMENTAÇÃO PRÁTICA, onde descrevemos, inclusive, alguns exemplos de aplicação dessas estratégias.

Táticas de manutenção

As táticas, assim como as filosofias e as estratégias de manutenção, são mutáveis, dinâmicas e podem ser utilizadas simultaneamente, de acordo com o contexto e a conjuntura.

- Podem ser:
- Reativa;
- Proativa;
  - Detectiva;
  - Descritiva;
  - Deliberativa.

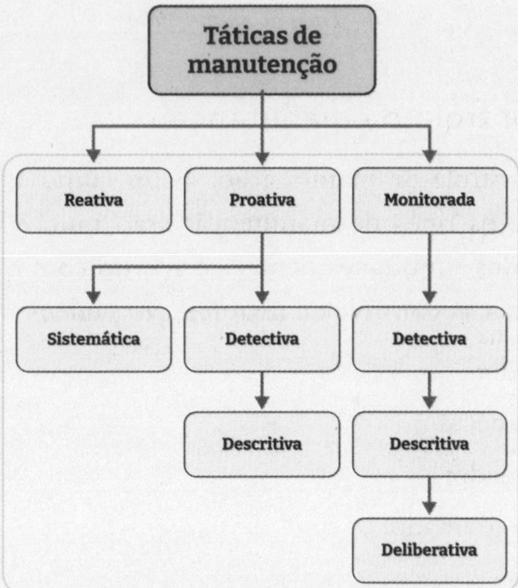

Figura 26 – Táticas de manutenção

Tipos de manutenção

Os tipos, assim como as filosofias, as estratégias e as táticas de manutenção, também são mutáveis, dinâmicos e podem ser utilizados simultaneamente, de acordo com o contexto e a conjuntura. Os tipos de manutenção podem ser:

- Corretiva;
- Preventiva;
- Preditiva;
- Prescritiva;
- Assistida.

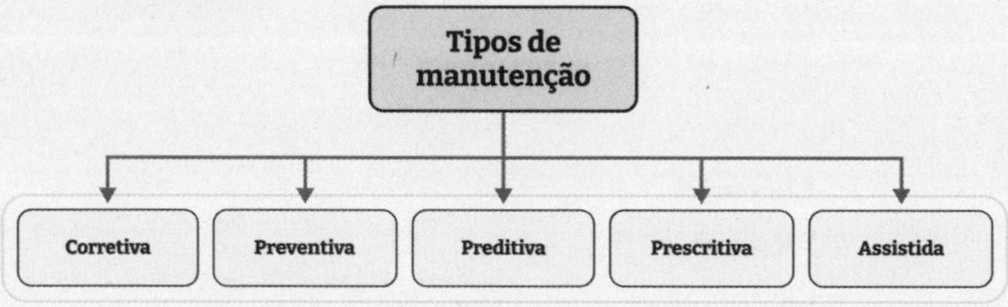

Figura 27 – Tipos de manutenção

Fluxos de controle da manutenção

Os fluxos de controle de manutenção, assim como as filosofias, as estratégias, táticas e os tipos de manutenção, são mutáveis, dinâmicos e podem ser utilizados simultaneamente, de acordo com o contexto e a conjuntura. Os fluxos de controle de manutenção podem ser:

- Planejado;
- Não planejado;
- Programado;
- Não programado.

Figura 28 – Fluxos de controle de manutenção

Gatilhos de programação da manutenção

Os gatilhos de manutenção, assim como as filosofias, as estratégias, as táticas, os tipos e os fluxos de controle de manutenção, são mutáveis, dinâmicos e podem ser utilizados simultaneamente, de acordo com o contexto e a conjuntura. Podem ser:

- Baseado na falha;
- Baseado no defeito;
- Baseado no tempo;
- Baseado na utilização;
- Baseado em evento;
- Baseado em ocasião;
- Baseado em condição;
- Baseado em função;
- Baseado na condição (dados).

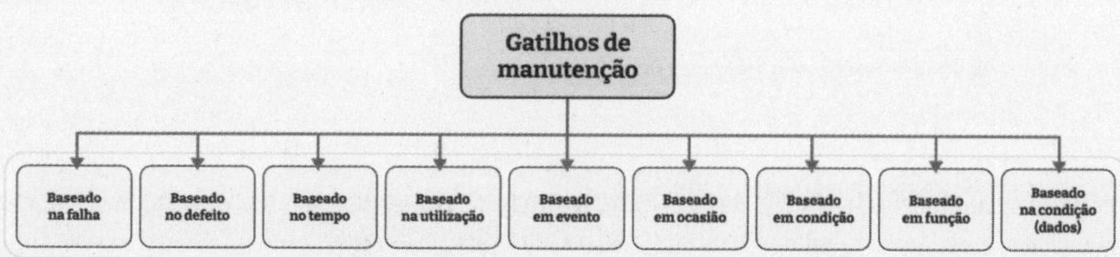

Figura 29 – Gatilhos de manutenção

Na imagem abaixo, as táticas (rótulos na cor vermelha), os tipos (rótulos na cor verde), os fluxos de controle (rótulos pretos com fundo amarelo escuro) e os gatilhos de manutenção (linhas pontilhadas na cor azul) estão correlacionados:

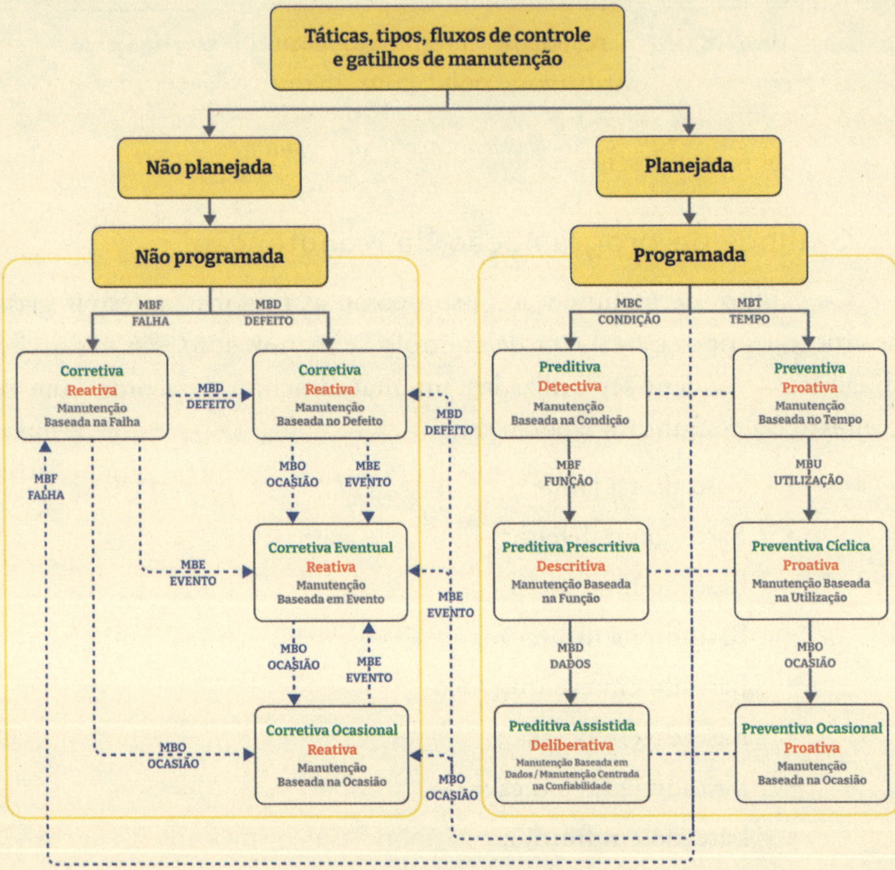

Figura 30 – Classificações diversas de manutenção

Por que fazer manutenção?

Há poucas décadas, mais especificamente em meados da década de 90, existiam dois tipos de oficina de funilaria: a de veículos e a de eletrodomésticos – que as gerações Y (millennials), Z (centennials) e as posteriores, provavelmente, desconhecem.

Por mais incrível e estranho que pareça, máquina de lavar, geladeira, freezer, fogão e outros eletrodomésticos, até então, eram desenvolvidos para serem manuteníveis. E, assim como os veículos automotores e as máquinas industriais, eram considerados bens duráveis e não descartáveis.

Chapas eram desamassadas, desempenadas, emendadas, soldadas, lixadas... Além disso, recebiam tratamento e pintura anticorrosão, às vezes até reforços estruturais, pois, com manutenção e reforma, os eletrodomésticos ganhavam sobrevida e continuavam a exercer a função para a qual foram desenvolvidos.

Contudo, a obsolescência programada, imposta pelo modo de produção global, que privilegia o consumo em detrimento do meio ambiente, contrariou essa lógica nas últimas décadas, e acabou por transformar esses eletrodomésticos em produtos descartáveis.

Um dos profissionais que realizava a manutenção e reforma desses utensílios era justamente o mecânico funileiro, e essa foi, por muito tempo, uma atividade com demanda suficiente para justificar a existência de profissionais especialistas em manutenção e reforma de eletrodomésticos.

Também existiam os funileiros que migravam da manutenção automotiva para a de eletrodomésticos, e aqueles que realizavam ambas as atividades de manutenção.

O fato é que as máquinas, sejam automóveis ou eletrodomésticos, eram desenvolvidas para durar e serem manuteníveis, como acontecia com as máquinas industriais.

Contudo, essa lógica mudou bastante após o início do século XXI. Atualmente, apesar de ainda serem consertáveis, as máquinas desses três segmentos tornaram-se mais substituíveis que manuteníveis.

Essa mudança também pode ser observada em nível de desenvolvimento e habilidades técnicas da mão de obra da manutenção, ao ponto em que mecânicos, eletricistas e profissionais de outras especialidades, em muitas empresas e contextos diferentes, tornaram-se trocadores de peças.

Quem nunca ouviu aquele ditado popular considerado até mesmo pejorativo, que diz:

"Desaprendi a trabalhar, virei trocador de peças."

Manutentor

Essa frase é emblemática e foi reproduzida para toda uma geração de profissionais, que iniciaram a carreira com manutenção em escolas profissionalizantes de qualidade. Profissionais estes que aprenderam que, antes de substituir qualquer peça, é necessário esgotar todas as possibilidades de reparo.

Uma geração que em vez de substituir um eixo empenado, corta, emenda, solda, usina e dá acabamento para deixá-lo praticamente novo. E, na pior das hipóteses, compra um tarugo de metal e usina um novo, na boa e velha filosofia do "faça você mesmo".

Quase extinta, essa geração está sendo substituída por uma que prefere manter um estoque de eixos, para não ter o trabalho de desenhar as três vistas da projeção ortogonal, e depois enviar para um torneiro descascar ferro sobre um torno mecânico.

A verdade é que, apesar de tudo isso, a manutenção se estabeleceu nas últimas décadas como estratégica para as empresas, porém ocorreu um recuo significativo na qualidade da mão de obra para manutenção. Em muitos casos, essa mão de obra foi resistente, optou por desprezar as tendências e não se especializou, no sentido de desenvolver as habilidades técnicas e administrativas necessárias para lidar com tecnologias avançadas.

Essa lacuna na qualidade da mão de obra também se deve à negligência no que tange a planos de carreiras e investimentos em desenvolvimento de habilidades, por meio de cursos e treinamentos. Cabe destacar, ainda, os salários baixos propostos por muitos gestores de manutenção e recursos humanos, o que, em muitos casos, inviabiliza qualquer possibilidade de elevar a maturidade da manutenção, devido à remuneração e aos benefícios oferecidos. Quando estes não são equivalentes à atividade exercida, a manutenção passa a ser vista como pouco atrativa para a mão de obra qualificada, a qual opta por migrar para outras funções, cargos e até mesmo profissões.

Esse é o caso, por exemplo, do funileiro de eletrodomésticos (já extinto), que deveria ter migrado para a manutenção de automóveis ou até mesmo para a industrial; do torneiro mecânico, que deveria ter se tornado programador de controles numéricos computadorizados (CNCs) ou de centros de usinagem; e do lubrificador que deveria ter se tornado mecânico, caldeireiro ou serralheiro.

Figura 31 – Funileiro de eletrodoméstico

Diante de tudo isso, fica aqui a seguinte pergunta: por que devemos fazer manutenção se é mais fácil substituir peças, componentes e até mesmo as próprias máquinas?

Fazer manutenção, do ponto de vista estratégico, é uma atividade fundamental para reduzir o custo do ciclo de vida dos ativos, uma vez que uma máquina pode gerar um custo X, caso seja submetida corretamente à manutenção. Entretanto, essa mesma máquina pode, ao mesmo tempo, gerar um custo dez vezes maior e ter sua vida útil reduzida de maneira considerável, caso venha a ser negligenciada e/ou submetida a um regime em que seja obrigada a rodar até falhar, ou seja, quando se faz apenas a manutenção corretiva.

Esse custo, por ser muitas vezes considerado indireto, acaba negligenciado e, em muitos casos, passa despercebido. Isso contribui, de maneira significativa, para onerar empresas e negócios, pois constitui um passivo no centro de custo da gestão de ativos, que deve ser considerado do ponto de vista da gestão de riscos.

Portanto, fazer manutenção ainda é, e sempre será, a melhor maneira de mitigar riscos inerentes à gestão de ativos industriais, desde que a manutenção seja adequadamente dimensionada para cada contexto de acordo com a quantidade de recursos disponíveis.

Também devemos considerar que, para muitas indústrias, *produzir é manter*. Isto é, para indústrias que dependem de disponibilidade, que rodam em três turnos e "cospem" produtos todos os dias do ano, uma parada de algumas horas pode custar mais que substituir tudo preventivamente.

A manutenção preventiva torna-se, então, uma das principais linhas em que se "perde" dinheiro na indústria, dado que o medo da quebra é maior que o valor unitário do item substituído, além do possível *reset* da curva da banheira, que pode tornar o ativo randomicamente vulnerável após a sua manutenção.

Então, por que substituir um componente com dois anos de utilização, se ele foi fabricado para durar cinco?

Subsistemas descartáveis acabam sendo onerosos, não só para as empresas e negócios, como também para a sustentabilidade da espécie humana e de todas as outras espécies de vida existentes no planeta. Isso, por si só, justifica o motivo pelo qual devemos levar a manutenção muito a sério.

Um paralelo interessante entre o filme "Fuga das Galinhas" e a evolução da manutenção industrial é a comparação entre os métodos de produção antiquados e os modernos. No filme, a fábrica de tortas é um sistema fechado, dependente totalmente de uma máquina específica importada da Itália. Isso reflete o cenário de muitas indústrias antigamente, onde a produção dependia de máquinas específicas e proprietárias, "caixas fechadas". Nesse contexto, qualquer problema ou manutenção exigia contato direto com o suporte e a assistência do fabricante, muitas vezes sediado no exterior, como, no exemplo, na Itália.

Hoje em dia, as indústrias estão mais próximas do conceito de LEGO, já que, em vez de dependerem de um único fabricante para manterem a operação rodando, é possível construir uma linha de produção usando diferentes marcas e tipos de sistemas, componentes e peças, escolhendo peças conforme a necessidade. Um motor de uma marca pode estar na mesma linha que um de outra marca, assim como ocorre com os CNCs e CLPs, oferecendo mais flexibilidade e autonomia para a manutenção.

Essa mudança para um sistema mais modular também facilita a manutenção, pois as indústrias não estão mais presas a um único fornecedor ou a sistemas proprietários fechados. Agora, podem substituir componentes de maneira mais ágil e até mesmo realizar automanutenção, minimizando dependências externas. Substituir uma peça ou manter uma máquina passou a ser tão simples quanto montar e desmontar blocos de LEGO, onde as opções são vastas. Além disso, a flexibilidade operacional se tornou uma prioridade e o proprietário não precisa mais ficar refém do fabricante, aquele que, em muitos casos, fazia da venda de peças uma fonte de receita mais lucrativa até mesmo que a venda das próprias máquinas.

Esse avanço representa uma revolução, não só em termos de eficiência, mas também em termos de autonomia industrial, na qual as fábricas se tornaram menos dependentes de "máquinas de fazer tortas" e mais capazes de montar e modificar suas operações com liberdade. O resultado? Processos mais eficientes e personalizados.

O metrô de São Paulo (Linha 1 – Azul) pode ser utilizado como exemplo disso, uma vez que ainda opera com uma frota mista de trens e vagões. Alguns deles possuem mais de quatro décadas de utilização ou operação, o que só é possível graças à manutenção.

Na oficina da linha azul, por exemplo, é possível constatar que trem de força, rodeiros, rodas, motores e outros componentes de elevado custo são manuteníveis e até mesmo reformados quando necessário. Lá, eles possuem uma oficina de usinagem, onde, além de manutenção corretiva e ajustes mecânicos, é possível fabricar, recuperar e evitar o descarte de peças que só teriam utilidade para o próprio metrô.

Figura 32 – Manutenção no metrô de São Paulo

Como disse John Moubray, não basta executar corretamente as tarefas de manutenção, é necessário executar corretamente as tarefas corretas. Logo, não basta fazer manutenção de qualquer maneira, é preciso que os gestores de manutenção estejam atentos às boas práticas e às inovações tecnológicas disponíveis no mercado (MOUBRAY, 1997).

Além disso, é imprescindível saber dimensionar a manutenção, de maneira seletiva e qualitativa, para determinar o que se aplica e o que não se aplica em cada contexto.

O que ajuda a otimizar o custo produtivo ou operacional, de maneira racional, gera impactos para além dos muros e divisas das empresas, e ainda gera benefícios para as comunidades ribeirinhas, para os consumidores e para a sociedade em geral.

O que realmente conta, porém, é a questão ambiental, que, recentemente, cresceu muito em termos de importância, pelos seguintes motivos:

- emergência climática;
- degradação do meio ambiente;
- escassez de recursos naturais;
- aumento da população;
- implementação das políticas de governança;
- implementação das políticas de ESG.

Afinal, o contrário disso é barbárie, pois retira todo o sentido da atividade humana, que decidiu, há muito tempo, organizar-se em sociedade de forma civilizada e com civilidade.

Portanto, fazer manutenção para além de uma necessidade da indústria, das empresas e do mercado é uma questão de sobrevivência para a espécie humana e para todas as outras formas de vida do planeta.

Seja bem-vindo à manutenção 4.0

Enfim, desejamos a todos boas-vindas à quarta geração da manutenção, que, na realidade, é como convencionou-se definir a manutenção digital, inteligente e cognitiva, que aplica os recursos tecnológicos disponíveis para otimizar processos e reduzir custos, sem desprezar questões fundamentais e inegociáveis como qualidade, segurança, meio ambiente e bem-estar.

CAPÍTULO 2 – MANUTENÇÃO ASSISTIDA

A manutenção assistida emerge como uma das práticas mais inovadoras e promissoras no contexto industrial contemporâneo. Com a integração de tecnologias avançadas, como a inteligência artificial, a internet industrial das coisas e a análise de dados em tempo real, essa estratégia, e ao mesmo tempo tipo de manutenção, tem transformado radicalmente os métodos tradicionais de engenharia de manutenção e confiabilidade, oferecendo novos níveis de precisão, eficiência, previsibilidade, mantenabilidade, confiabilidade e desempenho dos ativos industriais.

Figura 33 – Manutenção assistida

Neste capítulo, exploraremos os princípios e as práticas que sustentam a manutenção assistida, destacando seu papel na otimização de processos de manutenção, na redução de custos operacionais e na confiabilidade dos ativos industriais.

À medida que os sistemas industriais se tornam cada vez mais complexos, a demanda por soluções de manutenção que possam antecipar falhas e melhorar a tomada de decisões torna-se fundamental. A manutenção assistida não apenas permite uma gestão proativa e monitorada, como também contribui para a sustentabilidade operacional e a competitividade das organizações. Ao longo deste e dos próximos capítulos, serão pormenorizados características, exemplos, objetivos, princípios, ferramentas de implementação e benefícios que a adoção da manutenção assistida traz às empresas, em um cenário extremamente competitivo e de constante evolução tecnológica.

Por meio de exemplos funcionais, este capítulo pretende fornecer uma visão abrangente das melhores práticas para utilizar essas inovações de maneira eficaz, criando um ambiente industrial mais seguro, produtivo e resiliente.

Definição de manutenção assistida

A manutenção assistida ocorre quando os processos de manutenção atingem o mais elevado nível de maturidade, em termos de tecnologia, precisão, eficiência, previsibilidade, mantenabilidade, confiabilidade e desempenho. Ou seja, é a consolidação da confiabilidade, ou melhor, da famigerada Manutenção Centrada na Confiabilidade (MCC/RCM), o que só pode ser alcançado através da integração entre engenharia de manutenção, engenharia de confiabilidade e da gestão de pessoas, serviços, ativos, energias e riscos, ao aplicar as tecnologias avançadas de hardware e software emergentes e a mão de obra extremamente qualificada.

Características da manutenção assistida

A característica mais incrível da manutenção assistida é que software e hardware – embarcados, integrados e conectados – se comunicam para detectar e descrever a condição dos ativos e deliberar sobre os processos de manutenção, no sentido de prestar assistência para algumas atividades específicas. Atividades estas que, anteriormente, só podiam ser realizadas pelo homem.

O que diferencia a manutenção assistida das suas antecessoras, quais sejam manutenção preventiva, preditiva e preditiva prescritiva, é exatamente o surgimento da possibilidade de ela deliberar, ou seja, tomar algumas decisões e realizar determinadas ações com mais precisão, eficiência, previsibilidade, desempenho e confiabilidade do que os seres humanos fariam sem a assistência das tecnologias avançadas. Da mesma forma, o monitoramento on-line da condição e do desempenho dos ativos permite que a manutenção seja, literalmente, assistida pelo ser humano.

Em suma, a manutenção assistida dá assistência para os manutentores dos três níveis hierárquicos (estratégico, tático e operacional), de maneira que os próprios ativos sinalizam quando algo não está bem com eles. Além disso, esse tipo de manutenção possibilita que os manutentores assistam aos processos de manutenção.

Exemplos de manutenção assistida

Um exemplo clássico de processo assistido é o da montadora de veículos Tesla, cuja direção assistida delibera acerca da necessidade de acelerar, frear, ligar a seta e trocar de faixa, por meio de dados e informações coletados ou obtidos através de hardware e software embarcados e conectados (MOTORS, 2024).

De maneira análoga à direção assistida do veículo da Tesla, a manutenção assistida pode deliberar acerca da necessidade de planejar, replanejar, programar e reprogramar a manutenção corretiva, preventiva, preditiva e até mesmo prescritiva. E isso é feito por meio de eventos e gatilhos, identificados com auxílio da inteligência artificial e do que se convencionou chamar de monitoramento on-line da condição e do desempenho dos ativos.

Contudo, apesar da direção assistida de um veículo da Tesla ser capaz de minerar e analisar dados de bancos de dados, dos sensores, das câmeras e do GPS, e de conseguir detectar, descrever e deliberar sobre determinadas ações em trânsito, a deliberação sobre assuntos cujos riscos são elevados depende da presença e da ação humana.

Ou seja, a tecnologia avançada não conseguiu, até agora, automatizar com segurança as ações que geram elevados riscos, ainda que tenha sido capaz de reduzir, radicalmente, a participação humana. Essa redução permite que sobre mais tempo para que as pessoas atuem de maneira estratégica ao terceirizar funções táticas e operacionais para o hardware e o software, como, por exemplo, dirigir um veículo ou planejar e programar uma atividade de manutenção.

Ao ligar a direção assistida de um veículo da Tesla, ficamos com as mãos livres e podemos fazer o que dá significado à palavra manutenção.

O próprio manual do usuário do veículo Model S diz que a direção automática é uma funcionalidade de assistência, a qual pode exigir eventualmente a utilização das mãos, ou seja, ela deve ser assistida.

Em outras palavras, a direção assistida dá assistência, mas também precisa ser assistida para executar determinadas ações.

> ⚠ **Aviso**
>
> A Direção Automática é uma funcionalidade de assistência que exige a utilização das mãos. Mantenha sempre as mãos no controle da direção (ou volante), tenha atenção às condições da estrada e ao trânsito circundante e esteja sempre preparado para tomar medidas imediatas. O incumprimento destas instruções poderia provocar danos, ferimentos graves ou a morte. É sua responsabilidade familiarizar-se com os limites da Direção Automática e com as situações onde possa não funcionar como previsto. Para obter mais informações, consulte Limitações e avisos.

Figura 34 – Manual Tesla Model S

Logo, ao comparar a utilização que o piloto automático desse tipo de veículo faz das tecnologias avançadas com os processos mais atuais de manutenção, surgiu, inevitavelmente, o conceito de manutenção assistida, cunhado por Igor Marinelli. Afinal, de maneira análoga ao que ocorre no veículo, o papel do manutentor passou a ser o de fazer a manutenção no sentido literal da palavra.

Isso significa dizer que ele deve pegar ou segurar pelas mãos, ou com as mãos, ouvir ou escutar, ver ou observar para manter, sustentar o conservar um ativo físico ou sistema.

A manutenção assistida representa a convergência entre hardware e software, aplicados no monitoramento da condição e desempenho de ativos, com o objetivo de manter a confiabilidade determinada ainda na fase de projeto do ativo, através da manutenção preditiva e prescritiva. Estas, combinadas, são capazes de detectar, descrever e deliberar sobre determinados aspectos da atividade de manutenção, além de serem capazes de fornecer assistência ao utilizarem recursos tecnológicos, sob a assistência compulsória do homem, ou seja, ela é assistida, porque assiste, no sentido de dar assistência, e também deve ser assistida (observada).

Um outro exemplo mais tangível é um sensor de vibrações, que, ao detectar, em um ativo rotativo, uma vibração em determinada frequência, a converte em dados digitais e a envia para a nuvem, que, através de software, decompõe esse sinal analógico em sinais harmônicos. Esses sinais harmônicos, por sua vez, são analisados por redes neurais – aprendizado de máquina e inteligência artificial – e comparados com os dados e padrões comportamentais do próprio ativo e de outros ativos iguais ou equivalentes a ele. Na sequência:

- realiza diagnóstico;
- faz um prognóstico;
- solicita o tratamento quando necessário, priorizando-o de acordo com a criticidade e o risco.

Todo esse processo resulta, por exemplo, em um alerta para que se possa programar uma inspeção pormenor, ou em uma abertura automática de uma ordem de serviço (OS) de manutenção corretiva. Assim, os mecânicos poderão verificar um possível desalinhamento no eixo do redutor de uma bomba.

No entanto, o que parece ficção científica não para por aí. Isso porque essa OS pode ser enviada, automaticamente, para uma determinada equipe de manutenção corretiva, através de um aplicativo, para ser executada e retroalimentar o sistema com os dados necessários a fim de mensurar a efetividade da deliberação.

Note-se que, além de diagnosticar uma falha em potencial, a manutenção assistida também consegue prescrever a correção e decidir sobre o quê, onde, como, quando e quem fazer, ou seja, ela consegue planejar, programar e controlar uma atividade de manutenção para evitar uma falha funcional. Além disso, ainda permite o aprendizado de máquina de maneira contínua.

Objetivos da manutenção assistida

O principal objetivo da manutenção assistida, enquanto estratégia e tipo de manutenção, é otimizar o ciclo de vida dos ativos industriais e garantir sua operação contínua, com elevada confiabilidade e segurança, além de mitigar riscos.

As metas específicas incluem:

- **redução de falhas:** maximizar a disponibilidade dos ativos para produção ou operação, ao evitar falhas funcionais e estender o ciclo de vida útil deles;
- **otimização dos recursos:** utilizar os recursos de maneira eficiente; reduzir custos produtivos, operacionais ou de manutenção, sem reduzir ou comprometer qualidade, segurança e meio ambiente;
- **melhoria da produtividade:** maximizar o desempenho dos ativos e aumentar a produtividade da planta industrial como um todo;
- **práticas alinhadas com ESG:** priorizar a segurança dos trabalhadores e a preservação do meio ambiente de maneira sustentável, ao identificar e mitigar riscos;

- **gerenciamento de riscos:** mitigar riscos relativos a acidentes e passivos trabalhistas, ambientais, prejuízos financeiros e multas contratuais por paradas não programadas.

Princípios da manutenção assistida

Não se faz necessário utilizar todos os tipos de manutenção existentes para implementar a manutenção assistida, mas existem dois que, para além de característicos dela, são compulsórios:

- preditiva;
- preditiva prescritiva.

Contudo, esses dois tipos de manutenção podem ser associados, tática e seletivamente, aos demais:

- manutenção preventiva;
- manutenção corretiva.

Além disso, ela só pode ser viabilizada com o auxílio de tecnologias avançadas integradas através de:

- hardware;
- software.

Ou seja, quando a manutenção se apropria e se utiliza da conectividade e da mobilidade, ela se torna assistida por hardware e software. No entanto, todo esse processo de monitoramento on-line da condição e do desempenho dos ativos deve ser assistido, compulsoriamente, por seres humanos, que, através de dados analisados por redes neurais, algoritmos de aprendizado de máquina e inteligência artificial, determinam o quê, como, quando e quem fazer.

A manutenção assistida é fundamentada em alguns princípios básicos que orientam suas práticas enquanto estratégia e tipo de manutenção. São eles:

- **monitoramento contínuo 24/7:** utilização de sensores e de sistemas de monitoramento on-line, para coletar dados em tempo real sobre a condição dos ativos e dos processos;
- **análise preditiva**: aplicação de algoritmos e técnicas de análise de dados para identificar padrões e tendências que possam indicar falhas em potencial (defeito), que, se ignoradas, são capazes de comprometer o desempenho de um ativo e causar uma falha funcional (quebra);
- **manutenção baseada em condição:** priorização de intervenções de manutenção com base no estado real dos ativos, em vez de intervalos de tempo fixos ou somente em médias aritméticas (TMEF – Tempo Médio Entre Falhas, TMPF – Tempo Médio Para Falha e TMPR – Tempo Médio Para Reparo);
- **manutenção baseada em dados:** priorização de intervenções de manutenção com base em dados estatísticos e informações coletadas e armazenadas e processadas em servidores online;
- **integração de tecnologia:** utilização de tecnologias digitais, como internet industrial das coisas, inteligência artificial, aprendizado de máquina e servidores de armazenamento, para automatizar processos de monitoramento, mineração, análise, detecção, descrição e deliberação;
- **colaboração interdisciplinar:** envolvimento de equipes multidisciplinares, com engenheiros de manutenção, operadores, analistas de dados e especialistas em tecnologia, hardware e software, para desenvolver e implementar soluções eficazes e adaptáveis.

Ferramentas de manutenção assistida

Algumas das principais ferramentas utilizadas na manutenção assistida incluem:

- **sensores inteligentes:** dispositivos que coletam dados de vibrações, temperatura, pressão, energia, fluxo, nível, rotação, torque, tensão, corrente elétrica e outros parâmetros que servem de gatilhos para monitorar eventos e, consequentemente, a condição e o desempenho dos ativos;
- **sistemas de telemetria e monitoramento on-line:** plataformas que permitem o acompanhamento em tempo real do desempenho dos ativos, mesmo à distância, facilitando a detecção precoce de problemas;
- **análise de dados avançada:** algoritmos e modelos estatísticos que processam grandes volumes de dados para identificar padrões, defeitos e gerar informações úteis sobre a condição e o desempenho dos ativos;
- **manutenção preditiva:** ferramentas e software que utilizam dados históricos e análises preditivas para prever falhas antes que ocorram paradas não programadas;
- **manutenção preditiva prescritiva:** como descrito acima, a manutenção preditiva evoluiu e passou a prescrever ações corretivas, preventivas e até mesmo preditivas;
- **sistemas de gerenciamento de ativos empresariais:** plataformas integradas que permitem o gerenciamento centralizado de todos os ativos da planta, o que inclui manutenção, inventário de peças de reposição e acervo de documentação técnica.

Por que manutenção assistida?

A manutenção assistida no aspecto amplo e restrito permite monitorar e diagnosticar a condição e o desempenho de ativos em tempo real, ao identificar falhas potenciais (defeitos) antes que elas ocasionem falhas funcionais (quebras). Isso otimiza a manutenção, reduz os custos, aumenta a eficiência operacional e mantém a confiabilidade dos ativos.

Logo, ela é a estratégia mais moderna de manutenção existente, pois, além de detectar, pode descrever e deliberar acerca das falhas potenciais, e garantir elevado desempenho dos ativos industriais.

Contudo, muito além de evitar falhas, a manutenção assistida é responsável por transformar a manutenção convencional, ao se estabelecer como um elo, senão como uma interseção, entre a engenharia e a gestão. Isso porque integra todas as disciplinas necessárias para garantir confiabilidade, ou seja, a probabilidade de um item desempenhar uma função requerida, sob determinadas condições e durante um determinado intervalo de tempo.

No final do expediente, a manutenção assistida pode ser definida como viabilizadora definitiva, senão potencializadora, da famigerada manutenção centrada na confiabilidade (MCC/RCM) em sua plenitude. Afinal, de maneira empírica, ou seja, valendo-se do monitoramento da condição e do desempenho dos ativos, consegue manter a confiabilidade elevada e muito próxima da determinada no projeto. No entanto, ressalte-se, que ela não é capaz de elevar a confiabilidade, uma vez que isso só pode ocorrer através do reprojeto.

Ao ser aplicada para manter a confiabilidade dos ativos, a manutenção assistida contribui, indiretamente, com a gestão de pessoas, serviços, ativos, energias e riscos.

Empiricamente, o que se pode observar é que a aplicação simultânea da manutenção preditiva com a preditiva prescritiva resultou em um novo tipo de manutenção: a manutenção assistida.

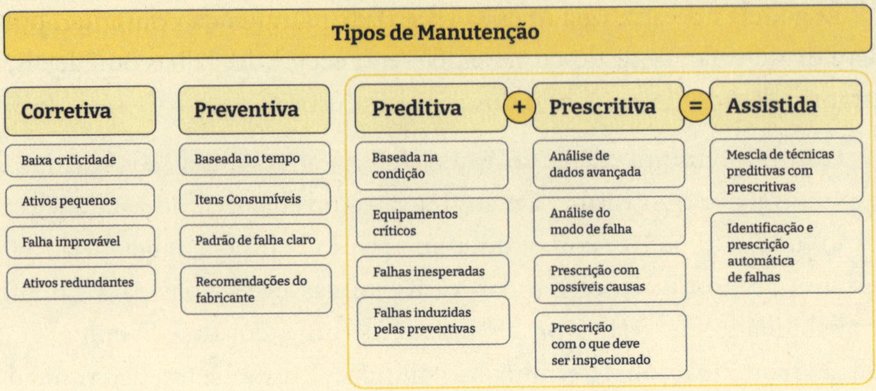

Figura 35 – Tipos de manutenção

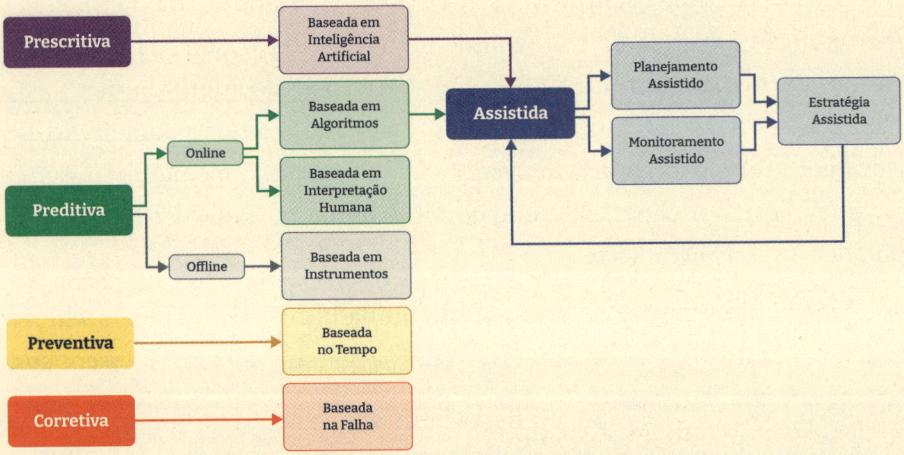

Figura 36 – Definição de manutenção assistida

A mágica começou mesmo a acontecer quando a indústria e a manutenção agregaram o potencial das tecnologias avançadas, que ampliaram a capacidade de diagnóstico e prognóstico de falhas.

Estabelecida a conectividade e mobilidade dos ativos, através da internet industrial das coisas (IIoT), da comunicação entre sistemas (ERPs, CMMS e EAM e RAMS) e da comunicação entre máquinas (M2M) por meio de sensores inteligentes (SI), tornou-se necessário substituir o ser humano na tarefa de analisar grandes quantidades de dados, disponíveis nos servidores de armazenamento (Big data), através da computação na nuvem (Cloud Computing) e das ferramentas de Business Intelligence (BI).

Isso aconteceu com o advento da inteligência artificial e das redes neurais, que, juntas, possibilitaram o surgimento da ciência de dados (DS), a qual, por sua vez, utiliza o aprendizado de máquina (Machine Learning) para fazer o que seria humanamente impossível: gerar, a partir da grande quantidade de dados coletados, informações úteis para auxiliar no processo deliberativo em um curto espaço de tempo.

Mas onde entra a realidade virtual, aumentada e mista nesse processo histórico? Ela ainda não é amplamente utilizada, pois está em desenvolvimento, mas já vem sendo testada em ambientes de alta periculosidade, como, por exemplo, em subestações e cabines primárias, assim como na assistência remota de engenheiros para manutentores em campo.

Enfim, apesar de a manutenção não ter evoluído de maneira síncrona com a indústria, ou seja, com a Revolução Industrial, ela acabou de sincronizar em termos de geração com o contexto em que se encontra o sistema produtivo global. Isso significa dizer que estamos entrando na Indústria 4.0, ao passo que a manutenção, efetivamente, entrou em sua quarta geração (manutenção 4.0 ou manutenção digital/inteligente), cuja principal característica é a automação dos processos detectivo e descritivo e assim como, do processo deliberativo, sobre o qual falaremos a seguir.

Automação do processo deliberativo

A automação do processo deliberativo na Manutenção 4.0 aumenta a eficiência das operações de manutenção e permite uma resposta mais rápida, proativa e assertiva às necessidades do sistema produtivo global. Dessa maneira, a manutenção adaptou-se ao contexto da Indústria 4.0 e passou, definitivamente, a desempenhar um papel estratégico na garantia da confiabilidade, da mantenabilidade, da disponibilidade e do desempenho dos ativos industriais, em um ambiente cada vez mais digitalizado, conectado, móvel e competitivo.

Com a aplicação das tecnologias avançadas integradas e conectadas, hardware e software passaram a detectar e a descrever atividades de manutenção, assim como a deliberar sobre o quê, onde, como, quando e quem fazer, o que reduziu, de maneira significativa, a participação humana no processo de manutenção, conforme evidenciado na figura a seguir.

<table>
<tr><th colspan="3">Análise</th><th colspan="3">Participação Humana</th></tr>
<tr><td rowspan="3">Dados</td><td>1º Fator
Diagnóstico</td><td>PREDITIVA (Detectiva)
O que é e por que está acontecendo?</td><td>Descrição</td><td rowspan="2">Deliberação</td><td rowspan="3">Ação</td></tr>
<tr><td>2º Fator
Prognóstico</td><td>PREDITIVA PRESCRITIVA (Descritiva)
O que pode ou irá acontecer e o que deve ser feito?</td><td>Automação da descrição</td></tr>
<tr><td>3º Fator
Tratamento</td><td>PREDITIVA ASSISTIDA (Deliberativa)
Recomendar ou solicitar o que, onde, como, quando e quem fazer?</td><td colspan="2">Automação da deliberação</td></tr>
</table>

Figura 37 – Participação humana na manutenção

Apenas a ação, ou seja, a execução, ainda não foi automatizada, pois, em alguns casos, representa elevados riscos (financeiros, de segurança e em relação ao meio ambiente). Justamente por isso as ações precisam ser assistidas por seres humanos, que utilizam as informações geradas pelo processo assistido por hardware e software, para executá-las ou para autorizar a execução, o que funciona como verificação de triplo fator (3FV) em casos específicos.

- 1º Fator: o que o ativo tem (Diagnóstico);
- 2º Fator: o que vai acontecer com o ativo (Prognóstico);
- 3º Fator: o que fazer com o ativo (Tratamento).

Diante do exposto e como ainda não havia uma descrição detalhada e consolidada sobre o estágio atual da manutenção, nós (autores) nos deparamos com o desafio, senão com a necessidade, de quantificar, qualificar e classificar o processo de manutenção, para organizá-lo de maneira lógica e fiel à realidade empírica encontrada na indústria. Mas é óbvio que nós procrastinamos isso até onde foi possível.

Contudo, isso se tornou inevitável após observarmos o piloto automático de um veículo da Tesla, que utiliza a maior parte das tecnologias avançadas citadas anteriormente. Quando resolvemos compará-lo com os processos de manutenção atuais, encontramos muitas semelhanças e equivalências, afinal a tecnologia acaba assistindo, por hardware e software, os processos industriais, para os quais foi designada, fornecendo assistência para que possamos, apenas, assistir e, a partir dessa assistência, deliberar quando necessário.

É importante destacar que, embora a tecnologia desempenhe um papel essencial na manutenção assistida, ela ainda requer supervisão e intervenção humana. Ou seja, o homem continua a desempenhar um papel fundamental na interpretação dos dados e das informações, na tomada de decisões e, principalmente, na execução das ações de manutenção, necessárias para garantir o desempenho confiável dos ativos.

A manutenção pode e deve ser assistida por hardware e software, mas todo esse processo deve ser assistido por seres humanos e isso é inegociável. Afinal, a solução de problemas depende do conhecimento empírico e da observação e interpretação de variáveis, que os sensores e as inteligências artificiais ainda não são capazes de analisar e monitorar de maneira eficaz.

Contudo, sabemos que será necessário enfrentar ceticismo, resistência, medo, dúvidas e críticas, além, é claro, do conflito de interesses. Isso porque, ao assistirmos as decisões de profissionais inseguros ou centralizadores, surge o paradoxo da decisão assistida, assunto que será pormenorizado no próximo capítulo.

CAPÍTULO 3 – ANÁLISE SUPERVISIONADA

Todos os dias, avanços tecnológicos prometem melhorar nossas vidas, aumentar a segurança e otimizar processos em áreas fundamentais, como transporte, medicina e, obviamente, nos processos industriais. No entanto, à medida que essas tecnologias evoluem, encontramos uma barreira inesperada: o paradoxo da decisão assistida.

O paradoxo da decisão assistida

Esse paradoxo está presente em diversos aspectos da vida moderna. Na medicina, por exemplo, algoritmos de inteligência artificial são capazes de diagnosticar doenças com mais precisão e rapidez que muitos médicos experientes; no trânsito, veículos autônomos prometem reduzir, drasticamente, o número de acidentes fatais. Da mesma forma, na manutenção, sistemas assistidos já conseguem prever falhas com acurácia e precisão para economizar milhões em paradas não programadas e prevenir acidentes.

Entretanto, uma questão interessante surge quando consideramos o impacto psicológico dessas tecnologias. Imagine uma planta industrial, na qual o técnico de manutenção não conseguiu identificar que uma máquina estava prestes a quebrar. Para a gerência, há um culpado claro: o técnico. Mas o que acontece quando suplementamos o técnico com um sistema de manutenção assistida?

De acordo com a pesquisa da (ATLAS Intel, 2023), realizada com 200 indústrias brasileiras de diversos segmentos, a adoção dessas tecnologias reduziu, de forma drástica, o tempo de inatividade. O *downtime* inesperado, aquele que pega todos de surpresa, praticamente, desapareceu. A tecnologia, agora, antecipa tendências de falha com uma precisão impressionante. Embora falso-positivos ainda existam, eles ocorrem em uma proporção dez vezes menor quando comparado a quantidade de erros humanos.

Esse avanço tecnológico traz consigo um efeito colateral inesperado. Pense no impacto psicológico: se antes uma planta sofria uma falha inesperada por mês sob supervisão humana, agora, com a tecnologia assistida, essa frequência caiu para apenas uma falha inesperada por ano. No entanto, essa falha inesperada, quando ocorre sob a supervisão da inteligência artificial, parece ainda mais negativa aos olhos dos gestores. O motivo? Está na natureza cognitiva humana de querer "encontrar um culpado" quando acontece algo errado. A barra foi elevada pela própria eficiência da tecnologia, e, agora, qualquer falha – por menor que seja – gera uma sensação de impotência maior que antes.

Essa nova realidade nos leva a uma reflexão fundamental: quando a tecnologia ultrapassa a capacidade humana, por que ainda hesitamos em aceitá-la? E o mais importante: como lidar com o impacto dessa transição, quando a ausência de um "culpado humano" parece aumentar o desconforto em vez de aliviá-lo?

O paradoxo dos acidentes

Você sabia que, nos Estados Unidos, mais de 40 mil pessoas morrem em acidentes de trânsito todos os anos? São vidas perdidas em questão de segundos, resultado de falhas humanas ao volante. E se isso não fosse alarmante o suficiente, mais de 17 mil acidentes menores ocorrem todos os dias (NHTSA, 2022).

Imagine isto: em cada esquina, em cada cruzamento, há uma chance de um acidente iminente. Agora, pense conosco: será que isso é inevitável?

Aí entra uma questão intrigante. Carros autônomos, como os da Tesla, registraram, apenas, 98 acidentes por ano. Apenas 11 desses incidentes resultaram em ferimentos graves (TESLA, 2024).

Como isso é possível? Vamos aos números: ao analisarmos os dados acima, da NHTSA, 2022, obtemos que os seres humanos têm uma taxa de 0,24 acidente a cada 1 milhão de milhas dirigidas. Compare isso com os carros autônomos, que, segundo a Tesla, têm apenas 0,06 acidente por milhão de milhas dirigidas.

Isso significa que os carros autônomos são cerca de quatro vezes mais seguros. Então, por que esses veículos não dominam nossas estradas?

E mais: na maioria dos acidentes que envolvem veículos autônomos, a culpa, na verdade, está na outra parte envolvida. Ou seja, é de motoristas humanos, distraídos ou imprudentes, que colidem com esses carros em piloto automático. Se os carros autônomos já são, comprovadamente, mais seguros, por que continuamos a confiar nossas vidas a motoristas imprudentes?

Os dados do estudo da Cruise, que analisou colisões em São Francisco, ilustram ainda mais esse contraste. Enquanto motoristas de veículos de transporte por aplicativo sofrem uma colisão a cada 20 mil milhas dirigidas, os veículos autônomos da Cruise experimentaram uma redução de 65% nas colisões totais e uma impressionante diminuição de 74% nos acidentes que oferecem risco significativo de lesão (CRUISE, 2024).

Notavelmente, 94% dos acidentes que envolvem veículos autônomos ocorrem, de novo, por conta de motoristas distraídos que colidem com os veículos em piloto automático, em situações previsíveis, como colisões traseiras em semáforos. Portanto, precisamos lembrar que, afinal, estamos em um período de transição, em que as tecnologias legadas e novas vão coexistir.

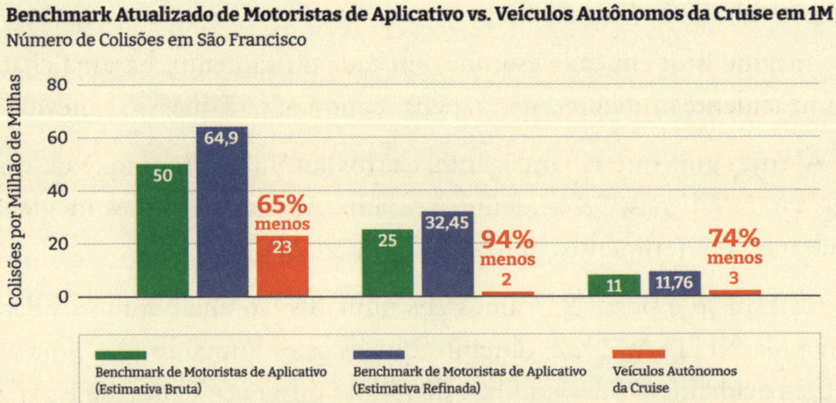

Figura 38 – Benchmark atualizado – CRUISE

À medida que os carros autônomos demonstram superioridade em termos de segurança, surge uma questão fundamental: por que eles ainda não são amplamente popularizados? Certamente, não é por falta de capacidade tecnológica. Como demonstram as estatísticas, esses veículos têm se mostrado consistentemente mais seguros que seus equivalentes dirigidos por humanos. O verdadeiro obstáculo para sua adoção em massa reside no limbo jurídico e burocrático que a sociedade enfrenta ao lidar com essas inovações.

O dilema central se dá na resposta a uma pergunta delicada: quem é responsável quando um carro autônomo se envolve em um acidente fatal? Se um ser humano mata outra pessoa no trânsito, há uma cadeia clara de responsabilidades – é possível processar o condutor. Contudo, quando se trata de um veículo autônomo, a linha de responsabilidade se torna nebulosa. Seria o fabricante o responsável? Ou o proprietário do carro? Ou, em última instância, a própria inteligência artificial que tomou as decisões na estrada? Esse impasse jurídico precisa ser resolvido para que possamos avançar em direção a um futuro em que a tecnologia possa salvar vidas em escala global.

Concluímos, portanto, que o maior paradoxo das decisões assistidas por inteligência artificial não está em sua capacidade técnica, mas, sim, na hesitação da sociedade em lidar com as implicações legais e éticas dessa nova era de autonomia. As ferramentas estão prontas para salvar vidas, mas são as nossas estruturas cognitiva, comportamental e jurídica que precisam se adaptar para permitir essa revolução.

O paradoxo das decisões médicas

A medicina sempre foi pioneira na utilização de análises supervisionadas para melhorar a precisão diagnóstica e prognóstica e para determinar e otimizar tratamentos. Muito antes de falarmos sobre veículos autônomos ou manutenção preditiva, os médicos já utilizavam tecnologia para potencializar suas decisões. Porém, por se tratar diretamente de vidas, a medicina enfrenta a maior barreira burocrática e um profundo receio de substituição de trabalho humano (TOPOL, 2019).

Há medo de que as máquinas possam um dia substituir, em parte, os profissionais de saúde, que se dedicam aos estudos para conseguir interpretar o que mostra um raio X, por exemplo. Contudo, é essencial não confundir "assistido" com "automático".

Um exemplo clássico dessa distinção é encontrado na pesquisa realizada pela Clearvue Health, que comparou o desempenho de médicos e da inteligência artificial na detecção de tumores pulmonares em radiografias de tórax. Nessa análise, apenas 2 dos 15 médicos conseguiram identificar, corretamente, o tumor em uma amostra particularmente difícil. Em contrapartida, a IA conseguiu identificar o tumor com uma probabilidade de 0,291, sendo três vezes mais eficaz do que os médicos (CLEARVUE HEALTH, 2021).

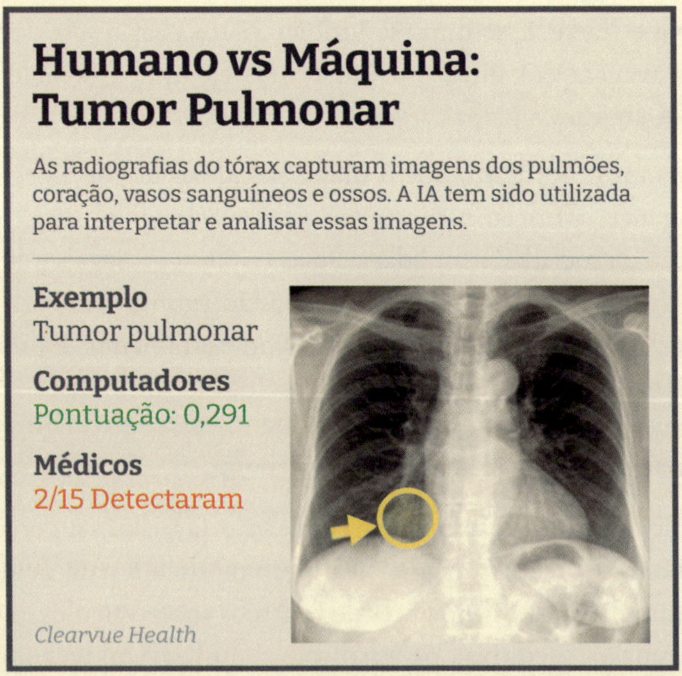

Figura 39 – Homem x Máquina: tumor de pulmão

Mesmo com as tecnologias que oferecem maior precisão diagnóstica e prognóstica, o processo de regulamentação é demorado, e os médicos, muitas vezes, resistem à sua adoção por medo de perderem o controle. No "português claro", prefere-se errar mais vezes – seja por necessidade de controle, orgulho, ou seja, por conflito de interesses – do que errar menos vezes, ao custo de deliberar parte do controle para a tecnologia.

A medicina, historicamente, é uma ciência guiada por habilidade humana, onde o erro médico é visto como um desvio individual, algo passível de responsabilização. Porém, quando introduzimos a IA no processo, o erro, quando ocorre, parece muito mais difícil de ser responsabilizado, o que cria um novo limbo jurídico. Entretanto, temos certeza de que famílias que já viveram um erro médico, seja por desleixo – tal como esquecer um bisturi dentro de um paciente após a cirurgia – seja por descaso – como emitir um laudo errado de exame de sangue – sabem o custo de um diagnóstico omisso e a dimensão do sofrimento, até porque envolve vidas. Nesse sentido, a inteligência artificial é conhecida por ser deliberadamente antecipada em diagnósticos. O que significa que, para a IA, o falso-negativo, isto é, não identificar uma falha, é praticamente impossível. Na verdade, são os falso-positivos (tema a ser abordado mais adiante) – identificação de uma falha prematura – que causam a percepção de erro, pois o estágio é muito inicial para poder ser percebido.

Nesse contexto, o que pode ser ruim para uma máquina, em que você quer garantir que a troca de um rolamento ocorra exatamente dias antes da falha para economizar custos e prolongar a vida útil do componente, para a medicina, pode ser fantástico: a identificação prematura de um câncer pode ser a diferença entre vida ou morte, afinal o quanto antes o tratamento iniciar, maiores serão as chances da cura.

A pesquisa da Clearvue Health ilustra isso perfeitamente. Enquanto a IA foi capaz de detectar, de forma prematura, o tumor, em 30% das vezes, os médicos mais experientes só o identificaram em 13% das tentativas. Essa hesitação reflete-se, diretamente, no impacto dos profissionais de saúde. A IA, em vez de ser vista como uma ferramenta poderosa para salvar vidas, muitas vezes, é percebida como uma ameaça. No entanto, a verdade é que a IA não substitui o médico, ela o assiste e aprimora a sua capacidade de propor diagnósticos, prognósticos e tratamentos eficazes. Não seria exagero dizer que, em última instância, protege e salva mais vidas.

Human-in-the-loop (HITL)

A implementação de tecnologias assistidas em áreas como a manutenção industrial trouxe à tona um desafio inerente a qualquer sistema assistido: o falso-positivo. Antes de explorarmos a solução que propomos, conhecida como *Human-in-the-loop* (HITL), é essencial definir o que é um falso-positivo no contexto de falhas de componentes de máquinas.

Um falso-positivo ocorre quando um sistema identifica uma falha que, na realidade, "não existe". No cenário de manutenção de máquinas, isso significa que o sistema alerta para uma falha em um componente que, de fato, ainda está em bom estado ou cujo desgaste não requer atenção imediata. Embora esse tipo de erro possa parecer inofensivo, ele pode gerar custos desnecessários, como a substituição prematura, além de causar frustração para as equipes de manutenção.

Ainda de acordo com a pesquisa realizada pela AtlasIntel, o **falso-negativo** (oposto do falso-positivo) é quando a IA não consegue detectar uma avaria real, o que é extremamente raro de acontecer. Isso porque a IA é eficaz em identificar padrões de falha ao antecipar problemas antes que eles causem danos graves. No entanto, o desafio que permanece é o falso-positivo – uma consequência da percepção subjetiva do que constitui uma falha crítica.

Aqui entra a complexidade da manutenção assistida: **a criticidade é relativa.**

Cada indústria tem sua própria interpretação do que é uma falha crítica. Por exemplo, em uma fábrica de papel, o menor desgaste em um rolamento pode ser considerado uma falha crítica de Estágio 4, pois a disponibilidade da máquina é muito mais valiosa que o custo do próprio rolamento. Para eles, a prioridade é manter a operação em funcionamento, mesmo que isso signifique substituir componentes com antecedência.

Já em uma fábrica de parafusos, a abordagem pode ser completamente diferente. Nessa indústria, o objetivo pode ser maximizar a utilização do rolamento até o seu desgaste total, e correr o risco de paradas não programadas, para economizar nos custos de manutenção. Aqui, o rolamento é considerado crítico, apenas, quando sua substituição é absolutamente necessária, pois os custos devem ser minimizados.

Essa relatividade no que é considerado crítico ilustra por que a manutenção assistida precisa ser flexível e adaptável ao contexto específico de cada operação. E é exatamente nesse ponto que o conceito de HITL, que aperfeiçoaremos ao longo deste livro, torna-se fundamental. A manutenção assistida deve levar em consideração a subjetividade e a habilidade humana. Criticidade, no final das contas, depende das decisões tomadas por quem opera o sistema.

"Crítico é relativo."

O HITL é uma abordagem que coloca o ser humano como parte integrante do ciclo de decisão da inteligência artificial. A IA, em vez de operar de maneira completamente autônoma, recebe feedback contínuo dos operadores humanos. Por exemplo, se um técnico considera que uma falha sinalizada pela IA não é crítica e decide continuar a operar a máquina, essa decisão é registrada e utilizada para retreinar o sistema. Isso introduz um componente de Aprendizado por Reforço (RL), ou seja, o sistema aprende com as decisões humanas, e ajusta sua sensibilidade às falhas, de acordo com o contexto específico da operação[8].

---

8. Algo não explorado neste livro sobre o Aprendizado por Reforço (RL) é a sua suscetibilidade a aprender com um *input* errado de um operador humano. É possível que um operador *engane* o sistema, fazendo com que este aprenda errado e necessite ser retreinado antes que cause danos à operação. Os impactos disso ainda estão sendo estudados e podem sair em edições posteriores.

Nesse contexto, se o técnico considera o desgaste em um rolamento aceitável, o sistema aprende a ser menos sensível em futuras ocorrências semelhantes. Por outro lado, se o técnico intervém rapidamente em uma falha considerada crítica, o sistema se ajusta para ser mais vigilante nesse tipo de situação.

Essa característica adaptativa é o que torna o HITL tão poderoso. Ele não só permite que a IA seja mais precisa em seus alertas, mas também faz com que a tecnologia se ajuste, continuamente, às necessidades e preferências dos profissionais que ela assiste, além da própria classificação da matriz de criticidade dos ativos.

A inteligência artificial, portanto, deixa de ser um sistema estático e passa a ser uma ferramenta dinâmica, moldada pela experiência humana. Dessa maneira, a criticidade de uma falha é sempre relativa ao operador e ao contexto operacional, e faz com que a manutenção assistida seja muito mais eficaz e personalizada.

O desafio do falso-positivo, então, não é um problema a ser eliminado, mas sim uma oportunidade para otimizar a interação entre humanos e máquinas, ao criar um ciclo virtuoso de aprendizado e adaptação que beneficia tanto as operações quanto a confiabilidade dos sistemas.

Figura 40 – Níveis de aprendizado e adaptação

Na prática, existem três camadas para que o HITL funcione e seja assertivo. A **primeira camada**, chamada **Autodiagnóstico**, envolve a capacidade de gerar limiares dinâmicos rapidamente, avaliando o comportamento de falhas de cada ativo ao longo do tempo. Aqui, o sistema estabelece padrões operacionais e detecta, automaticamente, qualquer desvio que possa indicar um problema. O grande benefício do autodiagnóstico é que ele não exige intervenção humana imediata, permitindo que a máquina identifique por si só quando algo está fora do normal.

A **segunda camada**, denominada **Análise comparativa**, expande o processo ao comparar o comportamento de um ativo com o de outros ativos semelhantes na mesma planta. Essa comparação possibilita uma análise mais completa e otimizada do funcionamento geral, com base nas melhores práticas observadas em máquinas comparáveis. Assim, o sistema pode sugerir ajustes e melhorias ao compartilhar conhecimento entre os diversos ativos, o que melhora a eficiência da operação como um todo.

Na terceira camada, o foco é no Aprendizado assistido, no qual o sistema aprende com os operadores e técnicos, ajustando as tolerâncias de falha com base na maneira como cada manutentor trabalha. Esse aprendizado contínuo permite que o sistema adapte os parâmetros operacionais de acordo com a experiência e os métodos de cada pessoa, integrando a flexibilidade humana com a automação.

Normas ISO na manutenção assistida

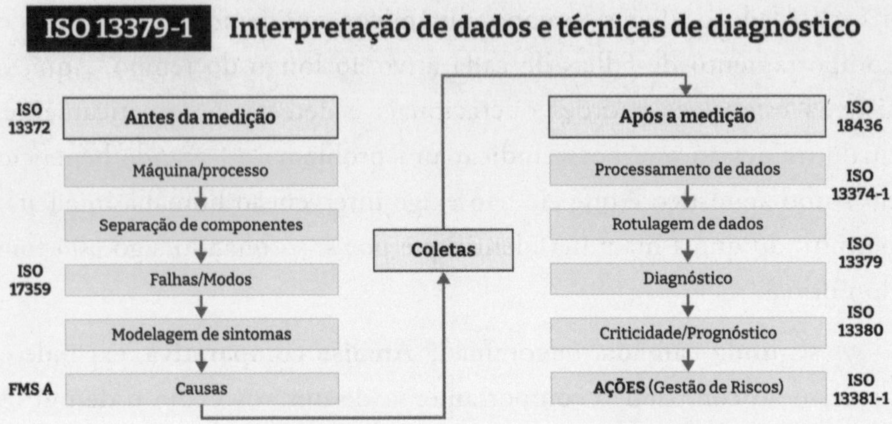

Figura 41 – Normas ISO na manutenção assistida

Antes de construir um sistema de manutenção robusto, olhar para as normas ISO é como garantir que o terreno de uma casa esteja preparado (nivelado e com estacas) antes de levantar as paredes. As normas existem para guiar os processos e fornecer um alicerce sólido, evitando improvisações e garantindo que tudo seja construído sobre fundamentos reconhecidos globalmente. Quando se trata de manutenção industrial, as ISOs (International Organizativo for Standardization) são essenciais, pois oferecem diretrizes que foram pensadas e testadas para garantir a consistência e a segurança em operações críticas. Não seguir esses padrões seria como tentar construir algo sem medir, adequadamente, o risco de falhas e, assim, as ineficiências aumentam de maneira exponencial.

Com a adoção das tecnologias avançadas, como a automação e a inteligência artificial, muitas dessas normas, como a **ISO 13379-1** que orienta técnicas de interpretação e diagnósticos, permanecem indispensáveis, mas com uma necessidade crescente de revisão. Ao olharmos para as camadas da manutenção assistida, a importância dessas padronizações se torna ainda mais evidente. A primeira camada, o autodiagnóstico, depende da coleta de dados confiáveis e da separação dos componentes e de suas falhas, um processo que já é bem definido em normas como a **ISO 17359**, que trata do monitoramento de condições. As normas funcionam como um guia inicial para garantir que os dados sejam organizados e interpretados de maneira eficaz antes mesmo de serem processados.

À medida que avançamos para a segunda e terceira camadas, que envolvem a análise comparativa e o aprendizado assistido, encontramos outros padrões, como a **ISO 13374-1**, que trata do processamento e da rotulagem de dados, e a **ISO 13381-1**, que foca em prognósticos e em gestão de riscos. Essas normas, além de fornecerem uma estrutura para análise de falhas, garantem que a implementação de tecnologias avançadas respeite critérios de segurança e eficiência.

No entanto, ao mesmo tempo em que essas normas são fundamentais, também é importante reconhecer que elas foram criadas em um contexto em que as tecnologias disponíveis, como a inteligência artificial, ainda estavam nos primeiros estágios. Assim, embora os princípios das ISOs sejam sólidos, muitas delas precisam ser atualizadas para lidar com as inovações contemporâneas. Por exemplo, a ISO 13374-1, que trata do processamento de dados, precisa evoluir para contemplar volumes massivos de dados em tempo real, algo que se tornou comum com o surgimento dos sensores inteligentes, IoT (Internet das Coisas), IIoT (Internet Industrial das Coisas) e sistemas conectados.

A grande responsabilidade de quem cria essas normas é que elas não são apenas uma resposta ao presente, mas também uma previsão de relevância futura. O trabalho de padronização precisa ser visionário, ou seja, é necessário se pensar anos à frente e considerar se o que está sendo estabelecido hoje ainda fará sentido em um cenário tecnológico que muda rapidamente. Essa capacidade de antecipar e adaptar-se às transformações é o que mantém as ISOs relevantes, mesmo em um mundo onde a inovação nunca para.

Assim, também é importante reconhecer o quanto elas já contribuíram e continuam contribuindo, ao garantir que, independentemente de quão avançadas se tornem as tecnologias, a base de operação das indústrias permaneça sólida e segura. Seguir as ISOs antes de construir um sistema é uma maneira de garantir que, mesmo com o avanço da automação, diagnósticos inteligentes e manutenção preditiva, haja uma estrutura confiável para sustentar essas evoluções por muitos anos.

Assertividade

Para que a manutenção assistida seja realmente assertiva, ela precisa ir além de simplesmente identificar defeitos superficiais ou lançar alertas genéricos.

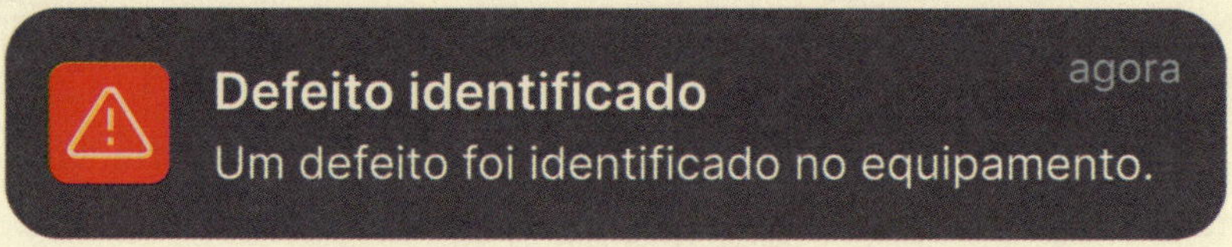

Figura 42 – Alerta de defeito detectado

"Defeito identificado" não é suficiente. Precisamos de um sistema que seja **Específico, Temporal e Retroativo** – ou seja, um sistema **ETR**. Mas o que isso realmente significa? Como garantir que a manutenção assistida, mesmo equipada com inteligência artificial avançada, possa ser eficaz e confiável no mundo real? Vamos refletir sobre cada um desses pontos e nos aprofundarmos nos desafios que eles trazem.

Específico

Quando um defeito é detectado, o que realmente queremos saber? Não é suficiente um sistema apenas apontar que há um problema. Ele precisa ser específico: qual é o problema, qual componente está falhando e qual é a provável causa dessa falha? Essas três perguntas são fundamentais para que a equipe de manutenção possa tomar decisões assertivas. Pense na frustração de receber um alerta que diz "potencial falha identificada" sem saber exatamente o que está errado. Isso gera incertezas e, pior ainda, pode causar ações desnecessárias, o que leva ao aumento de custos e à perda de tempo.

Se o sistema constantemente envia alertas para problemas de maneira generalista, a confiança nele começa a ser minada. Imagine a situação de um operador que recebe um alerta para verificar um motor crítico e, ao chegar lá, descobre que não há nada de errado. Depois de algumas dessas experiências, o operador pode começar a ignorar os avisos, e, quando uma falha real ocorrer, o sistema terá perdido sua credibilidade. Para ser assertivo, o sistema precisa ser incrivelmente preciso em suas detecções e, mais importante ainda, na identificação da verdadeira causa-raiz do problema.

Temporal

A manutenção assistida não pode ser apenas reativa; ela precisa ser proativa. E, para isso, entra o conceito de Temporalidade. Como avaliar a criticidade de uma falha detectada? Qual é o tempo que resta até que um colapso ocorra? A deterioração do componente foi linear, ou houve um aumento repentino na taxa de desgaste? Essas perguntas são importantes para que as equipes de manutenção possam priorizar suas ações e evitar o pior cenário: o colapso inesperado de um equipamento fundamental. Afinal, como vimos anteriormente, a criticidade é relativa, sendo o tempo o principal fator que faz com que algo seja percebido como falso-positivo ou assertivo. Um desgaste pode ser percebido muito antes por ultrassom, mas pode estar longe demais de uma intervenção humana, ocasionando uma percepção de erro, apesar de, nominalmente, este componente estar desgastado.

Sistemas eficazes de manutenção assistida precisam ser capazes de monitorar a evolução da degradação ao longo do tempo. Isso significa não apenas observar o estado atual, mas também compreender a trajetória do desgaste. Por exemplo, se um motor começou a mostrar sinais de aumento de vibração, o sistema precisa determinar se essa vibração está crescendo de maneira lenta e controlada ou se houve uma aceleração significativa que sugere uma falha em potencial. Esse entendimento temporal permite que as equipes de manutenção se antecipem aos problemas, evitando falhas catastróficas que podem resultar em paradas não programadas de produção.

Retroativo

Finalmente, temos o elemento Retroativo, no qual o sistema aprende com o *input* do operador e ajusta suas futuras detecções com base nesse aprendizado. Em teoria, isso parece ideal. O operador, com sua experiência prática, pode ajudar a calibrar o sistema, ajustando alertas e feedbacks para tornar a detecção de falhas ainda mais precisa. Mas será que isso sempre funciona da maneira que esperamos?

Aqui, surge um grande desafio: o erro humano. Um operador pode, sem querer, ensinar o sistema de maneira errada. Se o operador, por exemplo, cancela um alerta achando que foi um falso-positivo, mas, na verdade, houve uma falha real que ele não identificou, o sistema aprende com esse erro. Com o tempo, o sistema pode começar a ignorar falhas similares, tornando-se menos assertivo. Isso pode ser desastroso, pois compromete a capacidade de prever falhas futuras corretamente. Portanto, o desafio da retroatividade é garantir que o aprendizado humano seja confiável e que o sistema tenha mecanismos de segurança para evitar que erros isolados comprometam todo o seu desempenho.

A reflexão necessária

Então, como garantir que a manutenção assistida seja realmente assertiva? O conceito ETR oferece uma estrutura robusta, mas exige reflexão e atenção aos detalhes. O sistema precisa ser específico, identificando com precisão o componente e a causa do problema. Precisa, ainda, ser temporal, permitindo uma janela de tempo de atuação para intervenção e acompanhamento da evolução do desgaste. E precisa, também, ser retroativo, de maneira que o aprendizado contínuo seja confiável e protegido contra erros humanos.

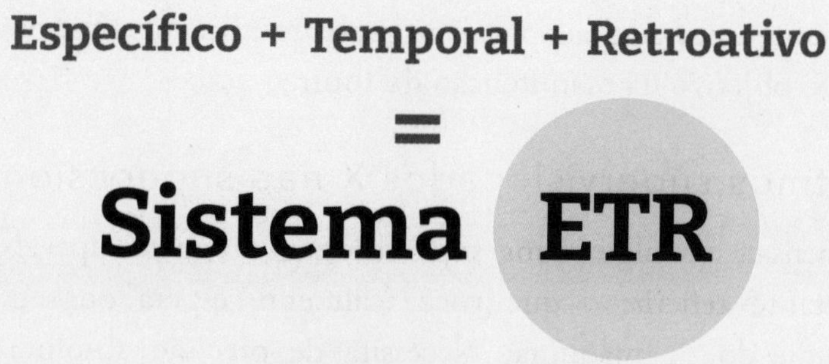

Figura 43 – Conceito ETR

Seja você um gerente de manutenção, um operador de chão de fábrica ou um desenvolvedor de sistemas de IA, a pergunta central é: como podemos confiar nesse sistema para tomar decisões corretas em tempo real? A resposta está na construção de um sistema ETR verdadeiramente refinado, que combine a automação com a intuição humana, sempre mantendo a clareza, a precisão e a flexibilidade para se ajustar e melhorar com o tempo.

Figura 44 – Sinergia entre tecnologia e pessoas

Por fim, o sucesso de um sistema de manutenção assistida assertivo não está apenas na tecnologia em si, mas também na sinergia entre tecnologia e pessoas. Um sistema que não apenas identifica problemas, mas ainda aprende com o passado, adapta-se ao presente e prevê o futuro – esse é o verdadeiro objetivo da manutenção do futuro.

Algoritmos supervisionados X não supervisionados

Ao pensar em algoritmos supervisionados e não supervisionados, é importante refletir: o que você realmente espera do seu modelo de aprendizado de máquina? Necessita de precisão absoluta ou está explorando padrões ocultos em dados sem rótulos?

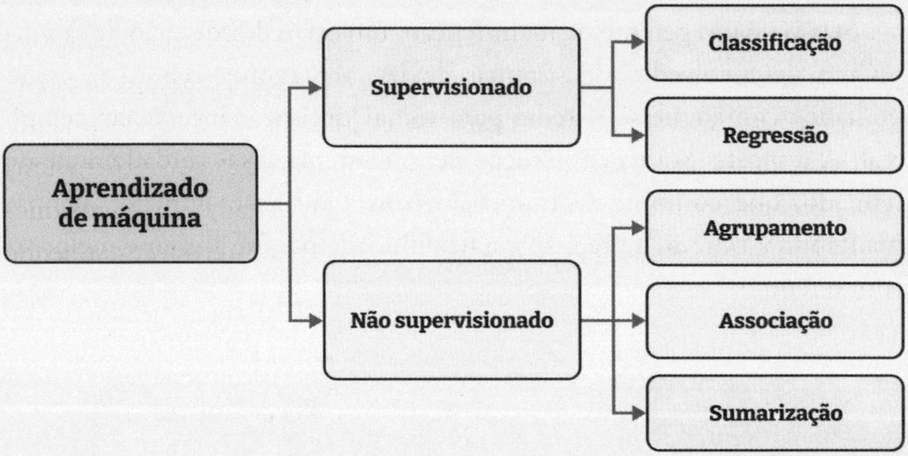

Figura 45 – Algoritmos supervisionados e não supervisionados

A principal diferença entre algoritmos supervisionados e não supervisionados está na presença de um conjunto de dados rotulado. Em algoritmos supervisionados, cada entrada é associada a uma saída conhecida (rótulo), o que permite ao modelo aprender a fazer previsões precisas. Já nos algoritmos não supervisionados, o modelo recebe dados não rotulados, sendo forçado a descobrir padrões ou estruturas de maneira autônoma.

Algoritmos supervisionados

Por que algoritmos supervisionados são essenciais para a manutenção assistida?

Algoritmos supervisionados são amplamente utilizados em manutenção assistida porque permitem prever comportamentos anômalos com base em padrões conhecidos de funcionamento. Nesse cenário, o sistema é treinado com dados rotulados de falhas e padrões normais de operação, garantindo que o algoritmo identifique com precisão quando um defeito está ocorrendo. Essa é a força dos algoritmos supervisionados. Eles são treinados com dados rotulados.

Na engenharia mecânica e elétrica, muitos fenômenos não são meras descobertas recentes. Desbalanceamento em motores, desgastes de rolamentos ou falhas em circuitos são eventos bem documentados e compreendidos ao longo de décadas de estudos. Esses comportamentos e modos de falha, descritos e analisados em detalhe, constituem uma base rica de conhecimento que pode ser aproveitada por algoritmos supervisionados para predizer problemas futuros e otimizar o desempenho dos sistemas.

Por exemplo, o desbalanceamento de motores gera vibrações em frequências específicas, o que é amplamente estudado e registrado. Da mesma maneira, desgastes em rolamentos produzem padrões harmônicos característicos que podem ser capturados e analisados por sensores de vibração.

Esse acervo de informações constitui uma espécie de "literatura de modos de falha", que os engenheiros conhecem muito bem. Como isso se traduz para os algoritmos? Simples: esses eventos documentados são rótulos que podem ser usados para treinar modelos supervisionados. A vibração captada por um sensor pode ser comparada com espectros de falha conhecidos, permitindo ao algoritmo determinar, com alta precisão, qual o problema e qual a sua causa-raiz.

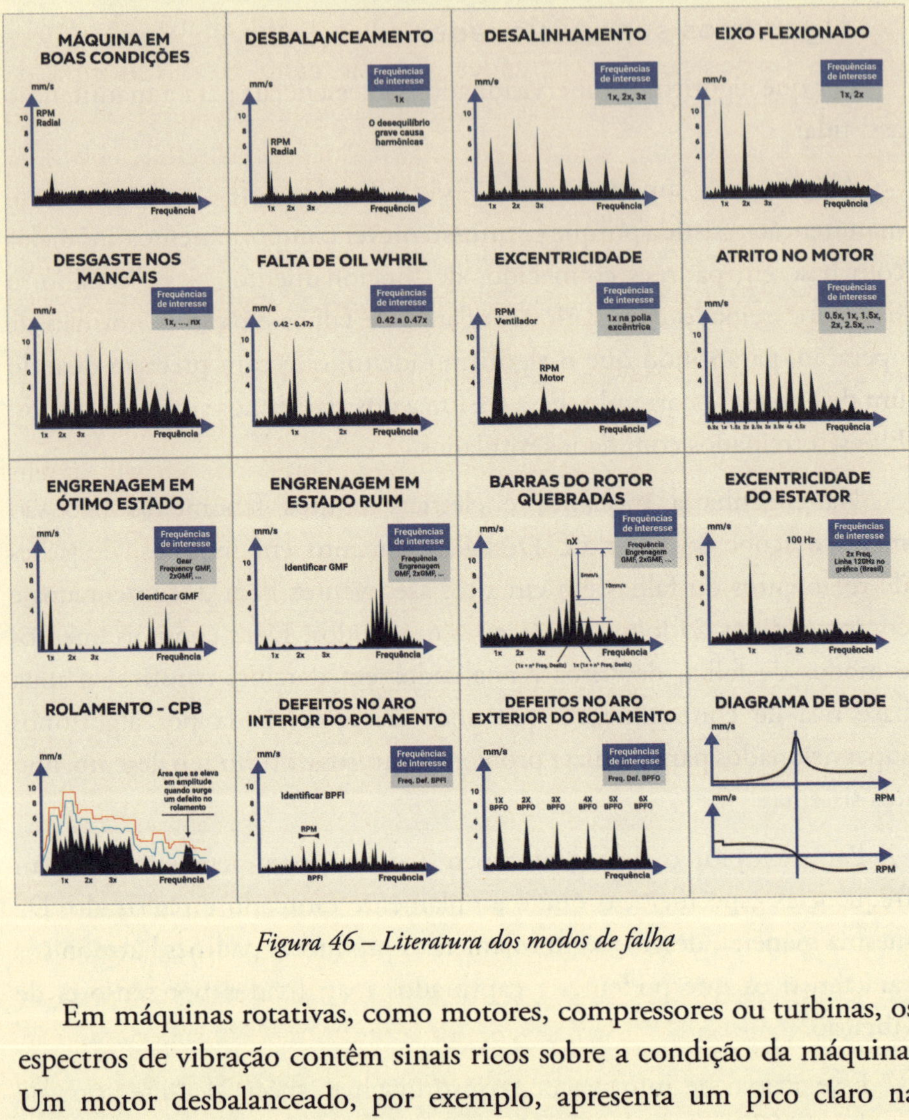

Figura 46 – Literatura dos modos de falha

Em máquinas rotativas, como motores, compressores ou turbinas, os espectros de vibração contêm sinais ricos sobre a condição da máquina. Um motor desbalanceado, por exemplo, apresenta um pico claro na frequência fundamental de rotação. Quando isso é traduzido para o mundo dos algoritmos, esses espectros se tornam rótulos que treinam modelos supervisionados, como redes neurais ou máquinas de vetores de suporte (SVMs).

A riqueza da engenharia mecânica e elétrica reside no fato de que problemas como desbalanceamento, desalinhamento e falhas em rolamentos já foram extensivamente estudados. O que os algoritmos supervisionados fazem é aprender a partir dessa vasta literatura de falhas preexistentes. Cada uma dessas falhas possui características muito específicas – seja uma vibração em uma frequência específica, seja uma assinatura de corrente elétrica – que são documentadas em manuais de engenharia e pesquisas acadêmicas.

Essa documentação oferece uma quantidade abundante de rótulos para que os algoritmos possam ser treinados, tornando o aprendizado de máquina uma extensão natural da experiência humana acumulada. Assim, ao fornecer ao modelo dados de sensores vibracionais ou elétricos, o algoritmo supervisionado pode, com alta confiabilidade, identificar não apenas que existe uma falha, mas também qual é a falha específica, com base nos dados rotulados previamente disponíveis.

Transformada de Fourier

O exemplo do aplicativo de música *Shazam* é excelente para ilustrar a utilização de algoritmos supervisionados. Para identificar corretamente uma música, o *Shazam* utiliza a **Transformada de Fourier** para decompor o som em frequências e, em seguida, comparar essas frequências com um banco de dados rotulado de músicas. Como mencionado, o resultado precisa ser exato: ou é uma música da Elis Regina ou uma da Rita Lee, não pode haver 60% de chance de ser uma música da Elis Regina ou 40% de ser uma da Rita Lee – não há margem para incerteza. A precisão e o rótulo correto são essenciais, e, por isso, um modelo supervisionado é necessário. O sistema foi treinado para saber, exatamente, o que cada padrão de frequências representa.

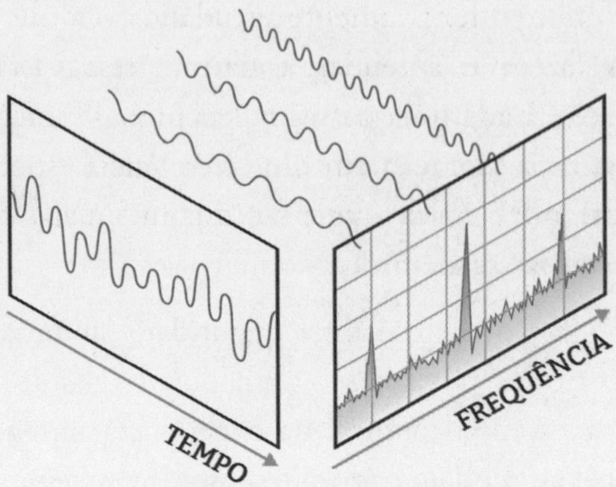

Figura 47 – Transformada de Fourier

A supervisão no aprendizado é crítica quando há um conjunto definido de respostas corretas e quando o erro pode custar caro, como no caso de um sistema de manutenção que não consegue identificar uma falha em potencial.

Algoritmos não supervisionados

Por outro lado, algoritmos não supervisionados enfrentam o desafio de interpretar dados sem rótulos. Embora eles sejam poderosos para descobrir agrupamentos ou padrões ocultos, sua imprevisibilidade os torna menos adequados para cenários onde a precisão é fundamental. Como eles lidam com dados sem rótulos, buscando padrões por conta própria, isso pode soar como mágica em situações de exploração de grandes volumes de dados, mas será que você pode confiar nesses resultados em todos os casos? Como uma "caixa-preta", você não pode garantir o resultado exato, o que é uma limitação em cenários críticos.

Exemplo disso são os modelos geradores, como ChatGPT (ferramenta de conversação com IA que simula uma conversa humana e oferece respostas automáticas a diversas perguntas), DeepSeek (IA generativa de código aberto que se destaca por sua capacidade de raciocínio e geração de texto) ou geradores de imagens. Esses algoritmos costumam operar de maneira não supervisionada, e, por vezes, produzem resultados inesperados. Vamos explorar um exemplo comum de erro com algoritmos não supervisionados. Imagine pedir a um gerador de imagens que crie uma foto de um *salmão nadando em alto mar*. O algoritmo, ao trabalhar sem contexto claro, pode surpreender você com uma imagem de um salmão no formato de sashimi flutuando no oceano.

Figura 48 – Imagem de salmão gerada por IA

Isso acontece porque, sem rótulos para orientar o processo, o modelo pode confundir interpretações de dados – o que pode gerar resultados bizarros e inesperados. Sem a orientação de dados rotulados, esses modelos podem apresentar agrupamentos que nem sempre fazem sentido ou que requerem validação manual, o que pode ser demorado e caro.

Por exemplo, em sistemas de recomendação, um algoritmo não supervisionado pode sugerir produtos com base em padrões de compras anteriores, mas sem garantir que essas sugestões sejam realmente úteis ou alinhadas às preferências reais do usuário. Isso cria um risco maior de resultados não confiáveis, especialmente em aplicações onde decisões automáticas devem ser precisas.

Mas, então, em que contexto a análise não supervisionada pode ser benéfica? O mundo industrial oferece diversos cenários em que os dados não vêm com rótulos explícitos ou onde o objetivo do aprendizado não é inicialmente claro. Nesses casos, a análise não supervisionada se torna uma ferramenta poderosa, permitindo recomendações inovadoras e criativas a partir de fontes de dados imprevistas.

Uma área em que os algoritmos não supervisionados podem ser extremamente úteis é no processamento de texto e documentação técnica. Imagine ingerir milhares de manuais de fabricantes, especificações técnicas e normas para identificar padrões e recomendações. Algoritmos de processamento de linguagem natural (NLP) não supervisionados podem organizar e extrair informações valiosas de manuais, relatórios e documentos em PDF. Isso é particularmente útil quando se busca otimizar processos, identificar melhores práticas ou resolver problemas específicos sem a necessidade de ler cada documento individualmente.

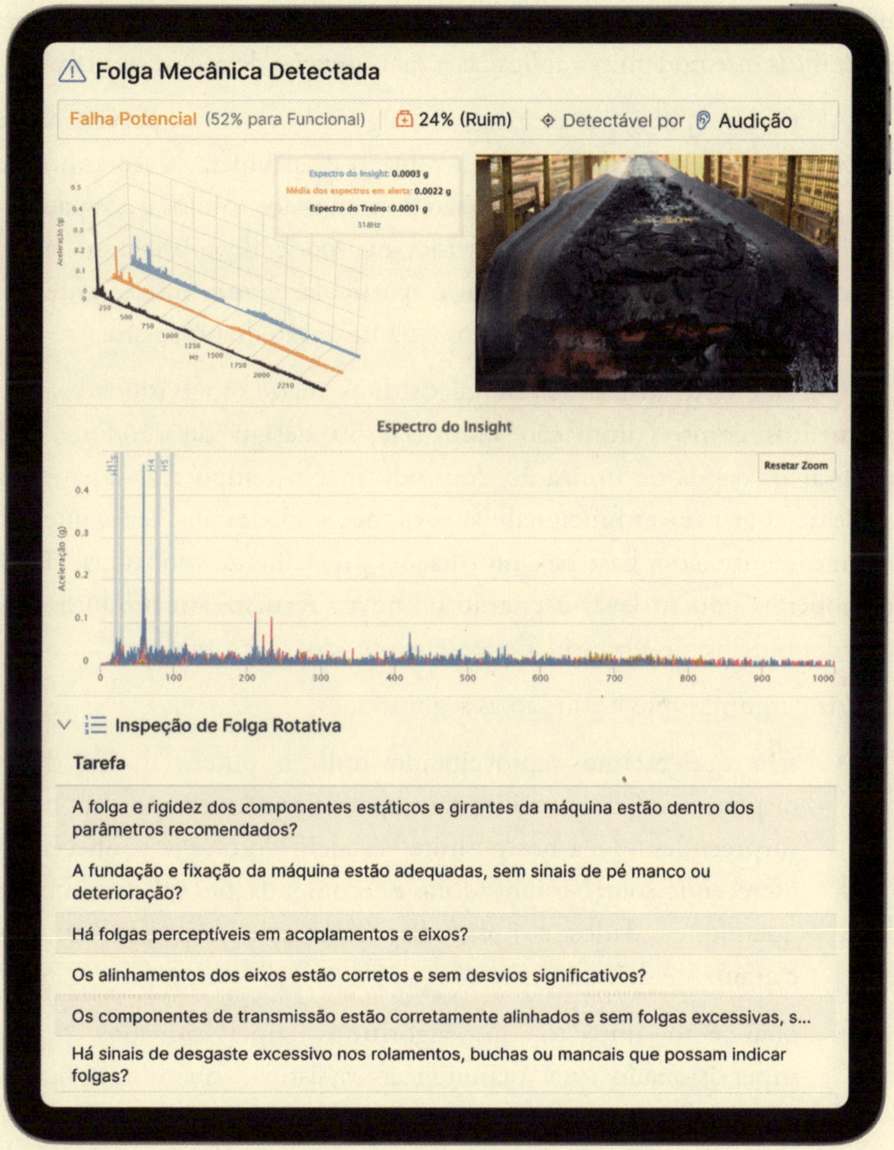

Figura 49 – Print de um Insight prescritivo

Por exemplo, imagine uma empresa que precisa otimizar sua operação de manutenção. Ao ingerir manuais de máquinas de diversos fabricantes, os algoritmos podem encontrar padrões comuns ou recomendações específicas que podem ser aplicadas à manutenção de ativos similares.

Além das aplicações práticas, os algoritmos não supervisionados oferecem uma visão criativa para a solução de problemas. Ao contrário dos modelos supervisionados, que são limitados aos rótulos e aos padrões conhecidos, a análise não supervisionada pode descobrir associações imprevistas entre variáveis. Isso é particularmente interessante no desenvolvimento de novos produtos e na inovação de processos.

Considere a utilização de algoritmos não supervisionados em segmentos como automação industrial ou design de produtos. Ao analisar os dados de utilização de produtos em tempo real, a empresa pode descobrir novas funcionalidades ou necessidades do cliente que não eram evidentes com base nas informações previamente conhecidas. Essas descobertas podem levar à criação de novos recursos ou produtos que atendam melhor às necessidades emergentes dos consumidores.

As perguntas que ficam são as seguintes:

- será que estamos aproveitando todo o potencial dos dados disponíveis? Com a análise não supervisionada, a resposta pode ser surpreendente: ela nos permite ver além do que já conhecemos, oferecendo soluções inovadoras e recomendações valiosas, mesmo quando os dados à nossa disposição não têm um caminho claramente definido;
- qual é o impacto dos algoritmos supervisionados e não supervisionados na manutenção assistida, quando aplicados simultaneamente? A resposta para essa pergunta é o assunto pormenorizado no próximo capítulo intitulado **Confiabilidade monitorada.**

CAPÍTULO 4 – CONFIABILIDADE MONITORADA

Confiabilidade é a probabilidade de um ativo, sistema, componente ou peça desempenhar a função para a qual foi idealizado, projetado e desenvolvido, sob condições específicas e durante um determinado período de tempo (O'CONNOR e KLEYNER, 1995).

Em outras palavras, confiabilidade é a medida da confiança, intrínseca, ao projeto ou reprojeto e ao desenvolvimento de ambos, que podemos ter na capacidade e na capabilidade de algo funcionar corretamente durante o ciclo de vida útil.

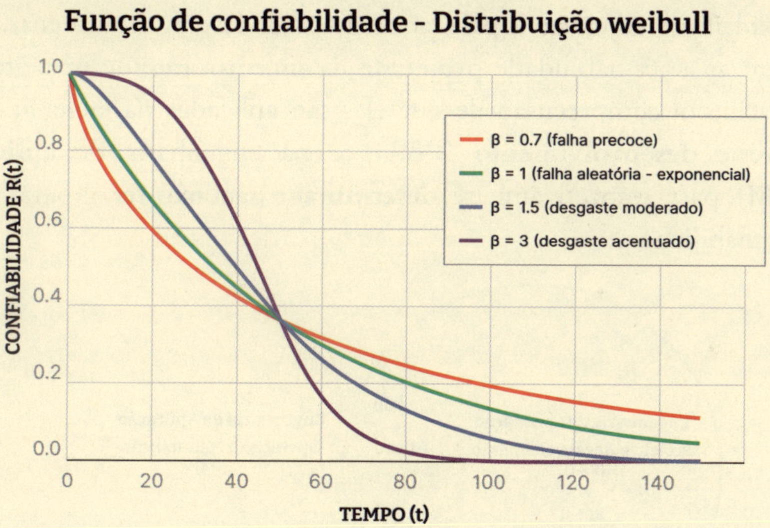

Figura 50 – Função da confiabilidade

Contudo, muita confusão ocorre em torno do termo confiabilidade, devido à sua interpretação equivocada. Afinal, muitos estudantes e profissionais acreditam que todas as disciplinas da Engenharia de Confiabilidade são aplicáveis ou úteis na Engenharia de Aplicação, ou seja, na Operação e Manutenção (O&M), o que não é verdade.

Essas disciplinas, geralmente, são aplicadas na concepção e no desenvolvimento do projeto. Compreender isso, facilita muito o estudo e a pesquisa por parte de estudantes e profissionais da operação e manutenção, assim como viabiliza a correta aplicação da confiabilidade na interseção entre P&D e O&M.

Portanto, para fins didáticos, a palavra **confiabilidade** será adjetivada em alguns contextos, para facilitar a compreensão através da contextualização e para diferenciar: **confiabilidade projetada** – aquela inerente à engenharia de concepção, ou seja, de Projeto e Desenvolvimento (P&D), da **confiabilidade monitorada** – aquela inerente à engenharia de aplicação, ou seja, de Operação e Manutenção (O&M).

A ideia de adjetivar a palavra confiabilidade convém, apenas, para diferenciar a confiabilidade **projetada** da **monitorada**, de maneira que isso facilite a compreensão de que elas são aplicadas na engenharia de projeto e **desenvolvimento (P&D)** e na engenharia de **aplicação (O&M)**, para, respectivamente, **determinar** e para **manter** os parâmetros de confiabilidade.

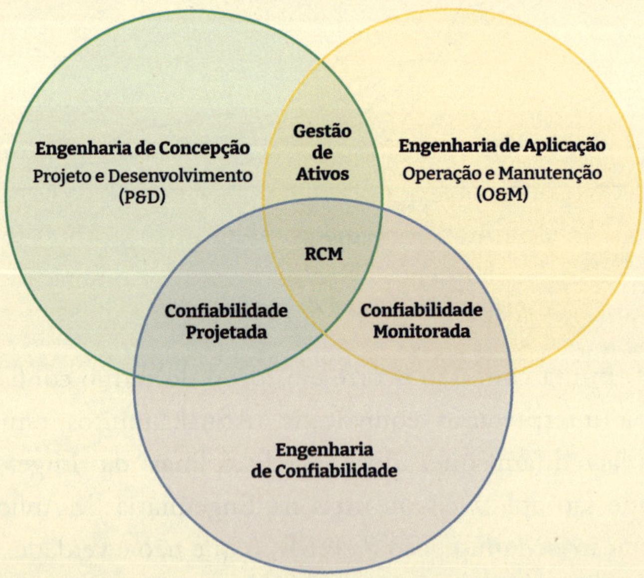

Figura 51 – Interseção entre Engenharias

As diferenças entre **confiabilidade projetada** e **confiabilidade monitorada** se estendem para além das disciplinas intrínsecas a cada uma delas, e a principal delas está na fase do ciclo de vida do produto em que cada uma é aplicada e na forma como os dados são utilizados.

Obviamente, este livro trata com mais detalhes e carinho a confiabilidade monitorada, pois ela é intrínseca à operação e manutenção e faz parte tanto da Manutenção Assistida como da Manutenção Centrada na Confiabilidade (MCC/RCM).

Engenharia de confiabilidade

A **engenharia de confiabilidade** surgiu nos Estados Unidos durante a Segunda Guerra Mundial, nos anos 40, na indústria bélica, como **solução preventiva** para falhas em ativos militares (aeronaves e submarinos), que operavam em condições severas e adversas. O objetivo era evitar falhas funcionais em campo de batalha e, consequentemente, a perda de soldados e eventuais derrotas para os inimigos (O'CONNOR e KLEYNER, 1995).

No entanto, foi no período pós-guerra, anos 50, ou seja, durante a Guerra Fria, que a disciplina de confiabilidade passou a ser a uma **solução preditiva** na **indústria aeroespacial** (Reliability Program for Systems and Equipment Development and Production, 1980), ao agregar novas tecnologias e sensores, que surgiram com avanços na eletrônica, nas telecomunicações e no monitoramento. Além disso, tornou-se essencial no Projeto e Desenvolvimento (P&D), assim como na Operação e Manutenção (O&M) de aeronaves, mísseis e satélites (Reliability and Maintainability Standard for Spaceflight and Ground Systems, 2008).

A partir de então, anos 60 e 70, a disciplina queridinha entre os engenheiros foi incorporada pela **National Aeronautics and Space Administration (NASA)** como solução de confiabilidade nos projetos dos programas espaciais **GEMINI, MERCURY e APOLLO** (MURRAY e COX, 1989), e, posteriormente, foi adotada pela **indústria de aviação civil** (Safety Management Manual (SMM) – Doc 9859, 2013).

Confiabilidade projetada

Confiabilidade, ou confiabilidade projetada, é a prática de engenharia que incorpora características de confiabilidade em um produto, sistema ou processo desde a fase de concepção. Em outras palavras, o conjunto de disciplinas, técnicas, metodologias e métodos, utilizados para garantir que um ativo, um sistema, um componente ou uma peça funcione conforme o esperado, durante um determinado período de tempo, sob condições específicas e com o mínimo de falhas e interrupções (BLANCHARD e FABRYCKY, 2010).

Em vez de se preocupar, apenas, em reparar falhas após a ocorrência delas, a confiabilidade projetada busca preveni-las desde a etapa de projeto e de desenvolvimento do produto, por meio da seleção de materiais com durabilidade e resistência adequadas à deterioração, à degradação (modelos de degradação), à sazonalidade e à elaboração de projetos robustos e tolerantes a falhas (análise bayesiana e distribuições de vida). Todos com alta capacidade de recuperação de erros e submetidos a testes rigorosos (ensaios acelerados e análise de sobrevivência) (O'CONNOR e KLEYNER, 1995).

Limitação da operação e manutenção

A confiabilidade projetada é determinada na concepção de um ativo, de um sistema, de um componente ou de uma peça, ou seja, na elaboração do **projeto** ou do **reprojeto** e no **desenvolvimento** de ambos. Contudo, na engenharia de **aplicação**, não é possível alterar ou elevar esse parâmetro (MOUBRAY, 1997).

Responsabilidade da operação e manutenção

Cabe à manutenção utilizar ou aplicar as estratégias, as táticas, os tipos de manutenção, as disciplinas, as metodologias, os métodos e as tecnologias avançadas para realizar procedimentos corretivos, preventivos, preditivos, prescritivos ou assistidos. Procedimentos estes necessários para manter a confiabilidade elevada por meio do monitoramento off-line ou on-line da condição e do desempenho dos ativos, quando se tratar de uma função crítica.

Figura 52 – Monitoramento on-line da condição

Nesse contexto, a manutenção também deve considerar que o desempenho desejado (aquele que o usuário espera obter) não pode ultrapassar os parâmetros de capacidade e a capabilidade operacional (o que algo deve fazer), determinados no projeto ou reprojeto e no desenvolvimento, que consideram uma margem subtraída da capacidade e da capabilidade intrínseca (o que algo pode fazer) para a deterioração natural e a degradação.

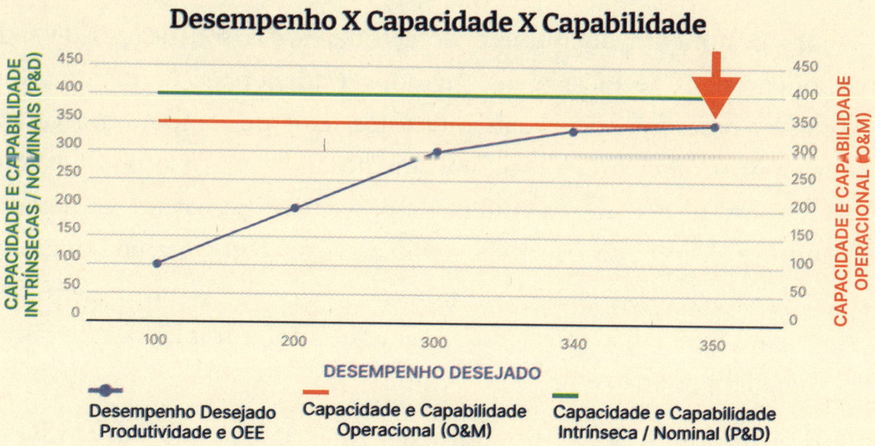

Figura 53 – Confiabilidade x Desempenho

Logo, cabe à manutenção requerer e impedir que a operação exija do ativo, do sistema, do componente ou da peça mais do que ele pode entregar nominalmente, sob pena de acabar sendo culpabilizada pela aceleração da degradação ou da redução da vida útil, ou cúmplice delas, assim como por eventuais falhas funcionais que podem ocorrer, devido à negligência dos parâmetros nominais de operação.

Ou seja, se uma máquina foi projetada e desenvolvida com capacidade para produzir 350 peças com capabilidade de 330 peças por hora, a confiabilidade dela só poderá ser mantida se esses parâmetros nominais forem devidamente respeitados. Além disso, apesar de ser responsabilidade da operação cuidar para que esse limite não seja ultrapassado, cabe à manutenção garantir e fiscalizar, para que esse limite não seja negligenciado, com o objetivo de evitar que ocorram períodos de sobrecarga e, consequentemente, haja uma redução substancial da confiabilidade.

Manutenção centrada na confiabilidade (MCC/RCM)

A metodologia Manutenção Centrada na Confiabilidade (MCC ou RCM) surgiu na aviação militar e civil, em resposta à crescente complexidade dos sistemas e à necessidade de garantir altos níveis de segurança e confiabilidade.

Com o aumento do número de aeronaves e a sofisticação de seus componentes, as técnicas e os métodos tradicionais de manutenção preventiva, baseados apenas em intervalos fixos de tempo, começaram a se mostrar insuficientes e economicamente inviáveis. Isso porque, com o tempo, os planos de manutenção preventiva acabavam crescendo, tornando-se difíceis de controlar, ineficazes, onerosos e ainda geravam intervenções demasiadamente desnecessárias, que contribuíam até mesmo para que, em alguns casos, os manutentores implantassem falhas em potencial nos ativos.

Os relatórios do Reliability Centered Maintenance (RCM) (MSG 1, 2 e 3) e os livros RCM II e RCM III são documentos fundamentais que registram a estruturação de todo o processo de análise metodológica da manutenção centrada na confiabilidade.

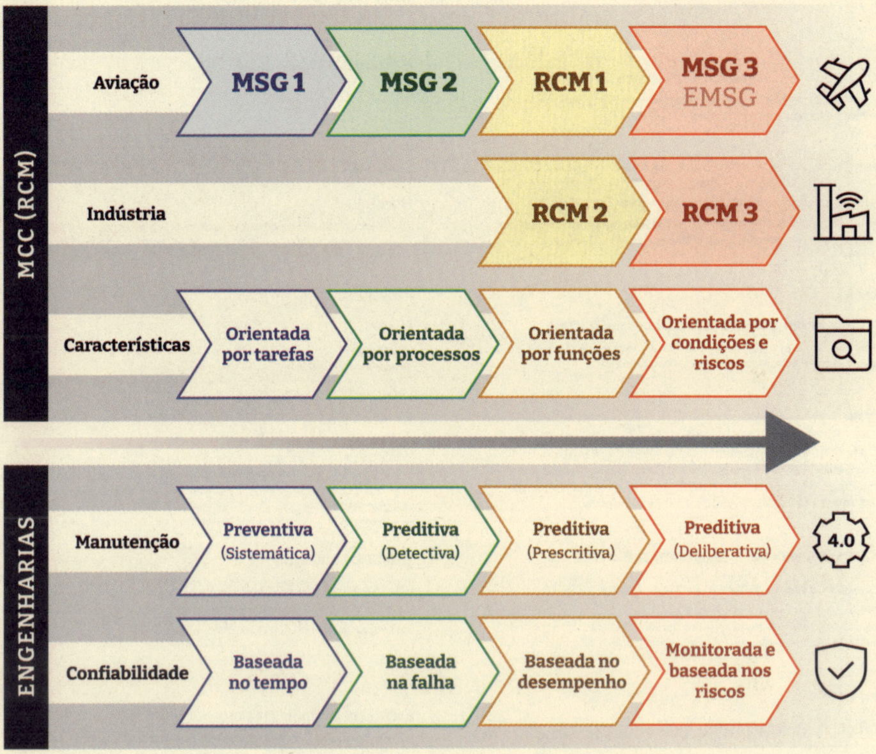

Figura 54 – Evolução da MCC/RCM

Além disso, documentam desde a identificação das tarefas, dos processos, das funções, das condições e dos riscos dos ativos e suas possíveis falhas até a definição das estratégias de manutenção mais adequadas, com base na criticidade e no impacto operacional. Esses documentos servem como referência para a tomada de decisões, garantindo que as ações de manutenção sejam justificadas, eficientes e alinhadas aos objetivos de confiabilidade e segurança da organização.

Documentos (Relatórios e livros) da MCC/RCM

1960

Programa de Confiabilidade da FAA/Indústria

Exame da eficácia da manutenção baseada em tempo fixo.

1968

Grupo de Direcionamento de Manutenção (MSG) 1

Primeira utilização de um diagrama lógico de decisão para desenvolver manutenção programada – Boeing.

1970, 1975 e 1977

Grupo de Direcionamento de Manutenção (MSG) 2

Aprimoramento do diagrama lógico de decisão para desenvolver manutenção programada - L-1011, DC-10 e Canadair Challenger.

1972

Guia do Sistema de Manutenção Europeu (EMSG)

Aprimoramento europeu do MSG-2. Utilizado no desenvolvimento do programa de manutenção do Airbus 300 e Concorde.

1978

Manutenção Centrada na Confiabilidade (RCM)

A United Airlines, sob encomenda da Marinha dos EUA, revoluciona a abordagem lógica de decisão para o desenvolvimento da manutenção programada. É chamado de abordagem orientada por tarefas.

1980, 1988, 1993, 2001, 2007, 2011, 2015 e 2021

Grupo de Direcionamento de Manutenção (MSG) 3

Adaptação e aprimoramento da RCM para uso na aviação civil e comercial, essa abordagem baseada em riscos e confiabilidade otimiza os recursos, reduz a manutenção desnecessária e melhora a segurança operacional.

1991 e 1997

Reliability Centered Maintenance II (RCM2)

O livro "Reliability Centered Maintenance II (RCM2)" expandiu os conceitos originais do RCM I desenvolvidos por Nowlan e Heap (1978), tornando a metodologia mais acessível e aplicável a diferentes segmentos da indústria para além da aviação, como manufatura, energia e infraestrutura. o RCM2 se consolidou como uma ferramenta indispensável para melhorar a confiabilidade dos ativos críticos e promover a segurança das operações.

1999, 2009 e 2024

SAE JA1011

Norma que estabelece os critérios mínimos para um processo de RCM na Aviação (Civil/Comercial) Aeronautica (Militar) e na Indústria.

2002, 2011 e 2023

SAE JA1012

Guia prático para implementação da RCM.

2003, 2011 e 2018

ISO 17359

Norma que estabelece o Monitoramento Baseado na Condição (CBM) para indústrias de alta criticidade. que utilizam a manutenção preditiva.

2005 e 2016

NAVAIR 00-25-403

Norma que estabelece como aplicar o RCM na aviação naval militar e na indústria aeronáutica.

2009

IEC 60300-3-11

Norma que estabelece como aplicar o RCM em sistemas elétricos de empresas dos segmentos de geração, transmissão e distribuição de energia e eletrônica.

2014, 2018 e 2024

ISO 55000, 55001 e 55002

Família de normas que estabelecem a gestão da manutenção como estratégica, através da gestão de ativos.

2019

Reliability Centered Maintenance III (RCM3)

O livro "Risk Based Reliability Centered Maintenance III (RCM3:)" atualizou os conceitos do RCM II, incorporando uma abordagem baseada em riscos para otimizar a confiabilidade e a gestão de ativos. Ele amplia a aplicação da metodologia para setores que demandam altos padrões de segurança e eficiência, como indústria petroquímica, energia, transportes e infraestrutura crítica, alinhando-se às normas da família ISO 55000.

Figura 55 – Linha do tempo da MCC/RCM

Confiabilidade monitorada

O conceito de **confiabilidade monitorada** surgiu a partir do momento em que o monitoramento on-line da condição e do desempenho dos ativos, apesar de ser extremamente eficaz, passou a impedir ou a dificultar a coleta e o armazenamento de dados sobre o histórico de falhas, uma vez que elas eram evitadas. Afinal, através da manutenção assistida, hardware e software detectavam uma falha potencial e solicitavam a sua correção aos manutentores, antes mesmo que ela evoluísse para uma falha funcional (MOBLEY, 2002).

Sem dados históricos sobre as falhas funcionais dos ativos, o cálculo da confiabilidade através da utilização das distribuições de vida, ou seja, da maneira tradicional, no contexto da engenharia de aplicação (manutenção), tornou-se algo ainda mais difícil de ser realizado, mas não impossível (EBELING, 2019).

Esse malabarismo pode ser realizado por meio da estimativa da taxa de falhas, utilizando dados em tempo real, combinados com dados de ativos equivalentes, para estimar a probabilidade de falhas. Contudo isso gera um certo grau de incerteza no cálculo da confiabilidade, o que torna compulsório considerar uma margem de erro. Além disso, o processo é extremamente caro e dificultoso, razão pela qual o próprio monitoramento on-line da condição e do desempenho dos ativos o evita e substitui com elevada eficácia e custo relativamente baixo (MOBLEY, 2002).

Definição

A confiabilidade monitorada é, portanto, além de uma estratégia de manutenção, um parâmetro obtido em tempo real, por meio do monitoramento on-line da condição e do desempenho dos ativos na engenharia de aplicação (O&M), que determina a probabilidade de um determinado ativo funcionar conforme o esperado, durante um determinado período de tempo, sob condições específicas e com o mínimo de falhas e interrupções,

Ela também é, um método, assim como FMEA (Failure Mode, Effects Analysis), FMECA (Failure Mode, Effects and Criticality Analysis), RCA (Root Cause Analysis) e FTA (Fault Tree Analysis). Quando aliado à metodologia da Manutenção Centrada na Confiabilidade (MCC/RCM), auxilia a manter, consideravelmente, a confiabilidade, a mantenabilidade e a disponibilidade dos ativos próximos aos parâmetros determinados na confiabilidade projetada (BLOOM, 2005).

Aplicações práticas

A confiabilidade monitorada é a estratégia ideal para ser implementada em empresas de grande porte, e, principalmente, nas de médio e pequeno porte. Isso por ser um método mais acessível do ponto de vista financeiro que a implementação de sistemas de gerenciamento e análise da confiabilidade. Estes são caros, complexos e exigem mão de obra dedicada e extremamente qualificada. Além do mais, é tecnicamente mais simples de implementar que a própria Manutenção Centrada na Confiabilidade (MCC) (MOBLEY, 2002).

Benefícios

Os benefícios da confiabilidade monitorada vão além do aumento da eficiência operacional. Essa abordagem representa uma mudança de paradigma na gestão de ativos, na qual o foco está na prevenção em vez da reação, e na utilização de dados em tempo real para fundamentar decisões estratégicas. Apesar dos desafios inerentes à análise de dados em tempo real e à ausência de históricos detalhados de falhas, os avanços tecnológicos tornaram a confiabilidade monitorada uma ferramenta indispensável para indústrias que buscam a excelência operacional (CHUI, COLLINS e PATEL, 2021).

Soluções disponíveis

Plataformas CMMS/EAM (Computerized Maintenance Management System – CMMS; Enterprise Asset Management – EAM), com monitoramento on-line da condição e do desempenho dos ativos e inteligência artificial embarcada, são exemplos de ferramentas poderosas para realizar a gestão da manutenção assistida e a confiabilidade monitorada, considerando o custo-benefício, especialmente quando implementadas de maneira planejada e estratégica.

Além disso, elas permitem que as indústrias aproveitem o potencial das tecnologias avançadas sem a necessidade de grandes investimentos iniciais com sistemas. Justamente por isso, são ideais para gerenciar processos de manutenção mais robustos, confiáveis e sustentáveis, além de prepararem o caminho para a implementação da famigerada Manutenção Centrada em Confiabilidade (MCC) (GULATI, 2013).

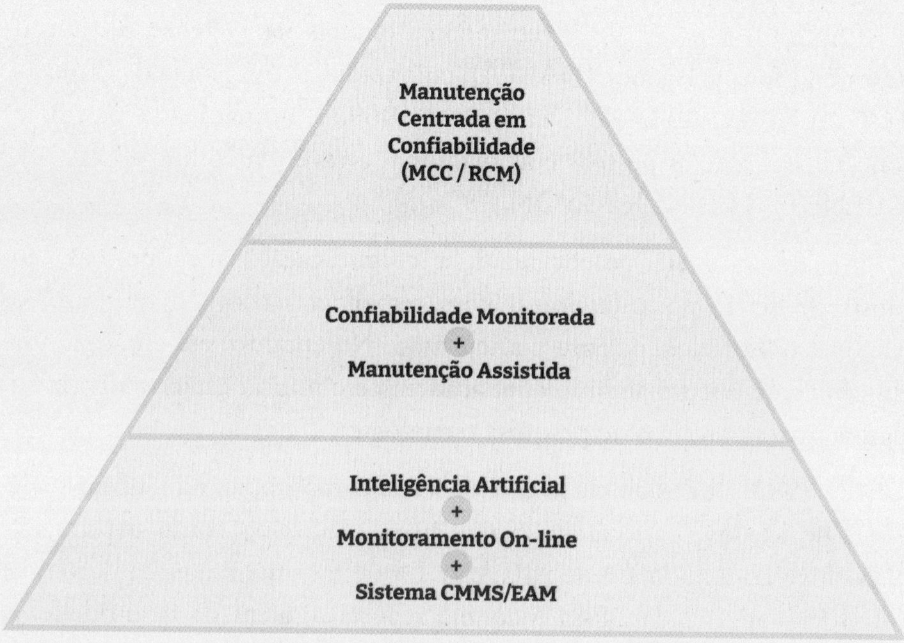

Figura 56 – CMMS/EAM + Monitoramento + IA

Enfim, implementar processos de manutenção assistida e de confiabilidade monitorada é algo complexo, mas possível desde que haja a correta aplicação das tecnologias avançadas, que viabilizaram o aprendizado de máquina, conforme pormenorizado no próximo capítulo.

CAPÍTULO 5 – APRENDIZADO DE MÁQUINA

Com o advento da Advanced Research Projects Agency Network (ARPANET), a partir de investimentos estatais na Defense Advanced Research Projects Agency (DARPA), cuja tradução é Agência de Projetos de Pesquisa Avançada de Defesa, em 1969, a humanidade passou a conectar em rede as pessoas e as máquinas através da Military Network (MILNET) (HAFNER e LYON, 1996).

Inicialmente, ela potencializou a comunicação entre pessoas, ao substituir, senão ao antagonizar com tecnologias como o telégrafo, o telefone, os correios, o rádio e a televisão. No entanto, até então, ainda era uma rede restrita ao ambiente acadêmico e militar estadunidense e a alguns países parceiros de pesquisa tecnológica.

Em 1982, alunos do curso de ciência da computação, da Universidade Carnegie Mellon, conectaram o que ficou conhecido como o primeiro dispositivo conectado à rede ARPANET, que foi uma máquina de venda automática de bebidas. Essa máquina reportava, além da quantidade, a temperatura das bebidas, a data e o horário de abastecimento da máquina, para evitar que os alunos se deslocassem desnecessariamente das salas e dos laboratórios até ela. Assim, evitava-se inconveniência de encontrar a máquina desabastecida, ou então com bebidas recém-abastecidas, que ainda não estavam geladas o suficiente para o consumo (STUDENTS, 1982).

Antes de as máquinas de venda serem conectadas, o cientista da computação da Universidade da Califórnia (UCLA), Leonard Kleinrock, e sua equipe conectaram, em 29 de setembro de 1969, os primeiros modens/roteadores, conhecidos como Interface Message Processor (IMP), cuja tradução é Interface Processadora de Mensagens (UNIVERSITY OF CALIFORNIA, 1969).

Esses roteadores tinham a dimensão de geladeiras, mas não foram considerados como os primeiros dispositivos conectados em rede, justamente porque a função deles era estabelecer a infraestrutura necessária para as primeiras conexões entre computadores, outros dispositivos e abrir caminho para os testes dos protocolos de comunicação, do enfileiramento de pacotes e, consequentemente, a criação das redes de computadores.

Em 1983, com a introdução do protocolo TCP/IP (Transmission Control Protocol – TCP; Internet Protocol – IP) que permitiu a comunicação eficiente entre diferentes redes de computadores, estavam estabelecidos os pré-requisitos para o surgimento da INTERNET como a conhecemos hoje (GATES, 1995).

Durante toda a década de 80, cientistas e estudantes edificaram as ideias que, no início da década de 90, saíram do papel através de um servidor, um navegador e das primeiras páginas da rede mundial de computadores, adventos desenvolvidos por Tim Berners-Lee no Conseil Européen pour la Recherche Nucléaire (CERN), que é o Conselho Europeu para a Pesquisa Nuclear (BERNERS-LEE, 1999).

Desde então, a Internet passou a conectar, cada vez mais, além das pessoas, diferentes tipos de dispositivos, o que se convencionou chamar de Internet das Coisas (IdC/IoT). Com tudo isso, a humanidade passou por um abrupto processo de inclusão digital.

Nesse processo, a Internet se popularizou rapidamente, e, já no início do século XXI, tornou-se indispensável para sustentar o modo de vida contemporâneo.

Neste momento da história, os processos produtivos da indústria global haviam atingido seus limites tecnológicos, quando, em 2006, o governo da Alemanha estabeleceu a Estratégia de Alta Tecnologia (EAT), com o objetivo de aumentar a produtividade da indústria e elevar a competitividade (SCHWAB, 2016).

Em 2010, o plano EAT sofreu uma atualização e tornou-se EAT 2020, tendo derivado para o conceito de Indústria 4.0 em 2011, quando o conceito foi apresentado na feira de Hannover.

Portanto, em 2011, estava estabelecido o ecossistema, que deu origem a Internet Industrial das Coisas (IIoT), cujo impacto na indústria foi abrupto e ainda é imensurável. Afinal trata-se de um processo que ainda está em andamento e que está transformando os processos industriais de maneira que justifica o emprego do termo Revolução Industrial 4.0 para definir o que o Governo da Alemanha estabeleceu como Indústria 4.0 (GILCHRIST, 2016).

Diante da revolução que as gerações atuais são testemunhas e protagonistas, um conjunto de tecnologias avançadas contribui para a modernização dos processos de manutenção industrial. A isso se convencionou chamar de Manutenção 4.0.

A Manutenção 4.0, apresentada nos capítulos anteriores, é o saldo da aplicação e das tecnologias apresentadas a abaixo nos processos de manutenção.

Sistemas empresariais informatizados

Com o advento da revolução científica em sua etapa conhecida como revolução digital, a microinformática passou a ser aplicada na digitalização dos processos industriais. Isso deu origem a diversos sistemas computadorizados ou informatizados, que são utilizados para registrar, controlar e gerenciar os processos empresariais e por subsidiar os processos deliberativos com dados e informações úteis (CORTADA, 2003).

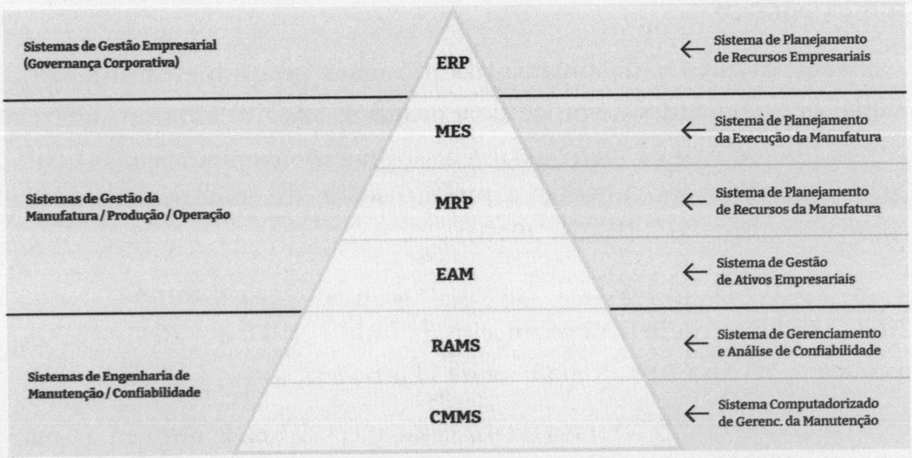

Figura 57 – Hierarquia dos sistemas empresariais informatizados

Aprendizado de máquina

O aprendizado de máquina é uma **subcategoria** da inteligência artificial que se concentra no desenvolvimento de algoritmos e modelos que permitem que os computadores aprendam, façam previsões e tomem decisões baseadas em dados.

Em vez de serem explicitamente programados para realizarem uma tarefa específica, os sistemas de aprendizado de máquina usam dados para "aprender" padrões e relações, ao se adaptarem para melhorar o seu desempenho ao longo do tempo (BISHOP, 2006).

O aprendizado de máquina é uma poderosa tecnologia que está transformando diversos segmentos ao capacitar sistemas e máquinas para o aprendizado e a melhoria a partir de dados. Com uma abordagem adequada e a consideração de desafios e limitações, ele pode oferecer soluções inovadoras e eficientes para problemas complexos, além de trazer benefícios significativos para as organizações e para a sociedade como um todo.

A revolução dos modelos de linguagem

Redes neurais são um conjunto de algoritmos de aprendizado de máquina inspirados na estrutura e na função do cérebro humano. São projetadas para reconhecer padrões, processar dados e tomar decisões de maneira similar ao funcionamento do cérebro humano e consistem em camadas de unidades de processamento chamadas "neurônios", que são conectadas entre si de maneira similar aos neurônios biológicos.

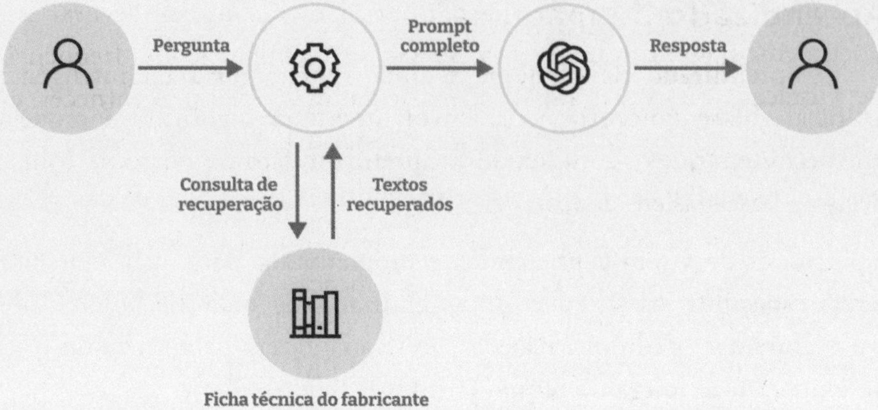

Figura 58 – Modelos de linguagem

Aplicações práticas de um LLM (Large Language Model) para extração de dados de manutenção

Um dos desafios mais críticos da manutenção preventiva e preditiva está relacionado ao acesso e à interpretação de dados técnicos de fabricantes, como datasheets de rolamentos, que, muitas vezes, contêm informações detalhadas sobre códigos de falha e checklists de manutenção. Embora esses documentos sejam fundamentais para a operação e a manutenção adequada dos ativos, muitos fabricantes não têm interesse em compartilhar essas informações de maneira amplamente acessível, especialmente quando se trata de peças de reposição, já que grande parte de seus lucros provém do mercado e da assistência técnica.

Um modelo de linguagem grande (LLM), como o ChatGPT, ou outros modelos de inteligência artificial treinados em processamento de linguagem natural (NLP) podem ser utilizados para analisar, automaticamente, datasheets de fabricantes e extrair informações relevantes, como códigos de falha de rolamento, checklists de manutenção preventiva, automação da coleta de dados e análise de documentos restritos.

Os **códigos de falha de rolamento** estão, com frequência, enterrados em seções técnicas de datasheets, que podem não ser facilmente acessíveis ou compreensíveis para usuários comuns. Um LLM pode devorar esses documentos, identificar padrões específicos de falhas (como frequências de vibração ou valores de torque associados a falhas) e fornecer um diagnóstico rápido e preciso com base nessas informações ocultas.

Já os **checklists de manutenção preventiva** são manuais de fabricantes que, muitas vezes, incluem recomendações de manutenção que detalham intervalos de inspeção, pontos de lubrificação e procedimentos para verificar desgaste ou desalinhamento. Esses checklists podem ser extraídos e organizados, automaticamente, por um LLM, facilitando a criação de rotinas de manutenção customizadas e evitando a necessidade de consultar longos manuais.

Mas atenção! Fabricantes de rolamentos e outras peças de reposição têm um incentivo financeiro para manter certas informações técnicas restritas. Muitas empresas da indústria sobrevivem devido à necessidade constante de substituir peças que se desgastam ao longo do tempo. Ao limitar o acesso fácil a dados que poderiam ajudar na manutenção preventiva, como códigos de falha detalhados ou especificações técnicas, os fabricantes garantem que seus clientes permaneçam dependentes de substituições frequentes e manutenções corretivas, em vez de implementar estratégias mais econômicas e preditivas.

Por exemplo, em muitos casos, os códigos de falha de rolamentos podem ser difíceis de serem interpretados sem as ferramentas proprietárias dos fabricantes. Isso força as empresas a contratarem serviços caros de assistência técnica ou a comprarem peças diretamente dos fabricantes, em vez de estender a vida útil dos componentes com manutenção apropriada.

Com a **automação da coleta de dados,** um LLM pode interpretar documentos PDF, manuais e datasheets que não estão organizados de maneira estruturada, e, a partir dessa interpretação, extrair *insights* críticos de maneira automática, poupando tempo e esforço dos engenheiros de manutenção.

No campo da **análise de documentos restritos**, um LLM, ao analisar textos técnicos que não são amplamente compartilhados, como datasheets ou manuais ocultos atrás de logins ou formatos protegidos, pode oferecer uma maneira de obter *insights* valiosos sem depender diretamente do suporte dos fabricantes.

Em resumo, a utilização de LLMs na extração de dados de manutenção de documentos técnicos apresenta uma oportunidade significativa para otimizar processos de manutenção, especialmente em um cenário onde os fabricantes têm pouco incentivo para compartilhar amplamente essas informações, que são, por sua natureza, essenciais. Afinal, contribuem, significativamente, para o desenvolvimento profissional dos manutentores no que se refere ao desenvolvimento de habilidades, conforme pormenorizado no próximo capítulo.

CAPÍTULO 6 – DESENVOLVIMENTO PROFISSIONAL

A evolução tecnológica trouxe consigo a necessidade de profissionais altamente qualificados em diversos segmentos da indústria. No contexto da manutenção assistida, na qual tecnologias avançadas como inteligência artificial, realidade aumentada e internet industrial das coisas (IIoT) desempenham papéis fundamentais, o treinamento e o desenvolvimento contínuo dos técnicos e engenheiros de manutenção se tornaram essenciais (BALL, GU e NIVEDHITHA, 2020).

Diante desse cenário, surge uma pergunta inevitável: qual é o lugar do elemento humano nos processos assistidos? Será o homem substituído ou seu papel será transformado?

Essa discussão não é nova. Desde a primeira Revolução Industrial, quando máquinas a vapor começaram a substituir o trabalho manual, as preocupações sobre obsolescência humana acompanharam cada avanço tecnológico. A história, no entanto, mostra outro padrão: a adaptação. Os artesãos tornaram-se operadores de maquinário, e novas funções surgiram para supervisionar e otimizar processos.

Na segunda Revolução Industrial, a eletricidade e as linhas de montagem não só expandiram a automação, mas também criaram oportunidades para o trabalho humano evoluir. A produtividade disparou, e os trabalhadores passaram a planejar e a monitorar sistemas, em vez de executar tarefas repetitivas.

A terceira Revolução Industrial, por sua vez, com a digitalização e a utilização de computadores, trouxe mais transformações. Embora houvesse receios de que os computadores substituiriam a inteligência humana, o que se viu foi o nascimento de funções analíticas e estratégicas, essenciais para operar e programar sistemas.

Agora, na quarta Revolução Industrial, a pergunta retorna: qual será o papel do ser humano em um ambiente hoje dominado por IA, IIoT e automação? A resposta parece seguir a mesma lógica: longe de substituir o ser humano, essas tecnologias reconfiguram os papéis, ampliando a capacidade de tomada de decisão e a otimização dos processos. Na manutenção, o impacto segue a mesma lógica: provoca mudanças nos cargos e nas competências necessárias, mas, como nas revoluções anteriores, o foco não é substituir o ser humano, mas sim capacitá-lo para desempenhar funções mais estratégicas e de maior valor.

Tecnologia e atividades assistidas

Muitas tarefas tradicionais, ensinadas há décadas nas escolas de manutenção, estão sendo profundamente impactadas pela implementação de sistemas assistidos. Atividades como coleta de dados, emissão de relatórios e planejamento de atividades, que antes exigiam trabalho manual, agora são realizadas com o apoio de plataformas especializadas. Essas ferramentas não apenas reduzem o desperdício de tempo, mas também transformam a forma como as equipes de manutenção alocam seu esforço e aplicam sua habilidade.

Um exemplo claro disso é a prática das rotas de inspeção. Essas atividades, tradicionalmente executadas por equipes de manutenção, são, em grande parte, inerentemente ineficientes. A quantidade de horas/homem (HH) consumida, diariamente, é considerável; em algumas plantas, até 50% desse tempo podem ser gastos, apenas, com deslocamentos entre os pontos de inspeção. Esse cenário se torna ainda menos produtivo quando se identifica que não havia nenhuma anomalia e que a condição dos equipamentos está regular (o que ocorre na grande maioria das inspeções).

Gestores e coordenadores, frequentemente, buscam otimizar o trajeto, acreditando que isso tornará a atividade mais produtiva. No entanto, essa abordagem apenas minimiza o problema, sem resolvê-lo. Como afirmou Peter Drucker: "Não há nada tão inútil quanto fazer eficientemente o que não deveria ser feito.".

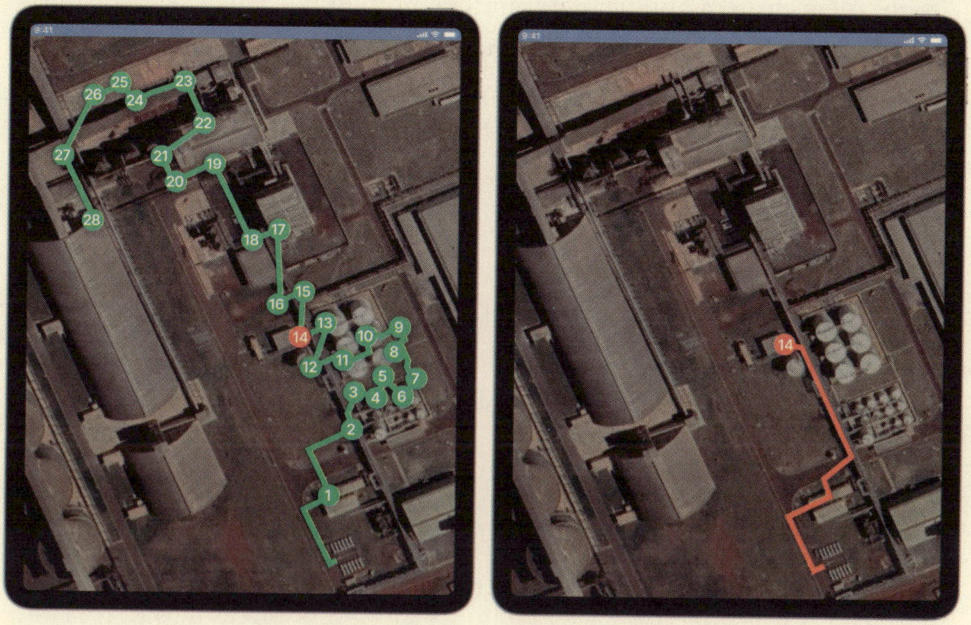

Figura 59 – Rotas de inspeção com IIoT + IA

É evidente que, em muitos cenários, as rotas de inspeção periódicas já foram estratégias válidas, mas a manutenção assistida está escancarando a realidade do baixo valor agregado dessas atividades. A verdade é que nos acostumamos com indústrias onde existem verdadeiros especialistas em "passear" pelas rotas de inspeção dissimulando ociosidade e a apropriando em inspeções realizadas, muitas vezes, apenas no papel.

Com as tecnologias assistidas, como sensores IIoT e sistemas de monitoramento preditivo, o foco muda para intervenções baseadas em dados e na condição real do equipamento, em vez de rotinas programadas com conservadorismo. Esses sistemas criam gatilhos inteligentes que acionam os especialistas apenas quando parâmetros críticos indicam um defeito. Dessa forma, a atividade passa a ser guiada por informações concretas, reduzindo, de forma drástica, a alocação de HH em tarefas de baixo valor agregado e aumentando a produtividade da equipe como um todo. Além disso, a aplicação de autodiagnóstico nos ativos permite que o técnico chegue ao local de intervenção já munido de informações claras sobre a falha detectada, suas possíveis causas e com os procedimentos sugeridos de atuação.

Essas atividades assistidas não só maximizam o tempo do especialista, mas também elevam o nível de análise e de tomada de decisão, promovendo uma utilização mais estratégica e eficaz das capacidades humanas. O técnico passa, então, a desempenhar um papel mais alinhado com sua formação e com sua experiência, o que contribui, diretamente, para a resolução de problemas complexos e para a melhoria contínua dos processos.

Gestão das atividades de manutenção assistidas

Tendemos a associar os dados mais relevantes para a manutenção exclusivamente aos equipamentos e aos sistemas, acostumados à ideia de que são os sensores e os dispositivos de telemetria que alimentam os processos de decisão. No entanto, muitas vezes, negligenciamos que as próprias ações de manutenção também geram uma quantidade significativa de dados. Com a digitalização das atividades, cada operação realizada se torna uma fonte valiosa de informações que podem ser analisadas para promover a melhoria contínua das rotinas de manutenção.

Essa etapa representa o elo que faltava para "fechar a malha da manutenção". Agora, é possível, por exemplo, analisar se o tempo gasto em uma operação de "troca de rolamento" está dentro do padrão histórico para aquele equipamento. Ou identificar se o tempo dedicado à lubrificação de um ativo está excessivamente elevado devido à falta do item no momento da intervenção, causando deslocamentos desnecessários até o almoxarifado. Essa análise levanta uma questão crítica: será que uma simples mudança no planejamento não poderia otimizar esse processo?

No passado, esse tipo de análise era praticamente inviável. Confiar na qualidade dos dados apontados manualmente pelos executantes era, no mínimo, questionável, além do volume de informações ser tão grande que tornava proibitivo qualquer esforço manual para interpretá-las. Porém, com o avanço dos sistemas de manutenção assistida por inteligência artificial, tornou-se possível processar, automaticamente, as informações contidas em milhares de ordens de serviço.

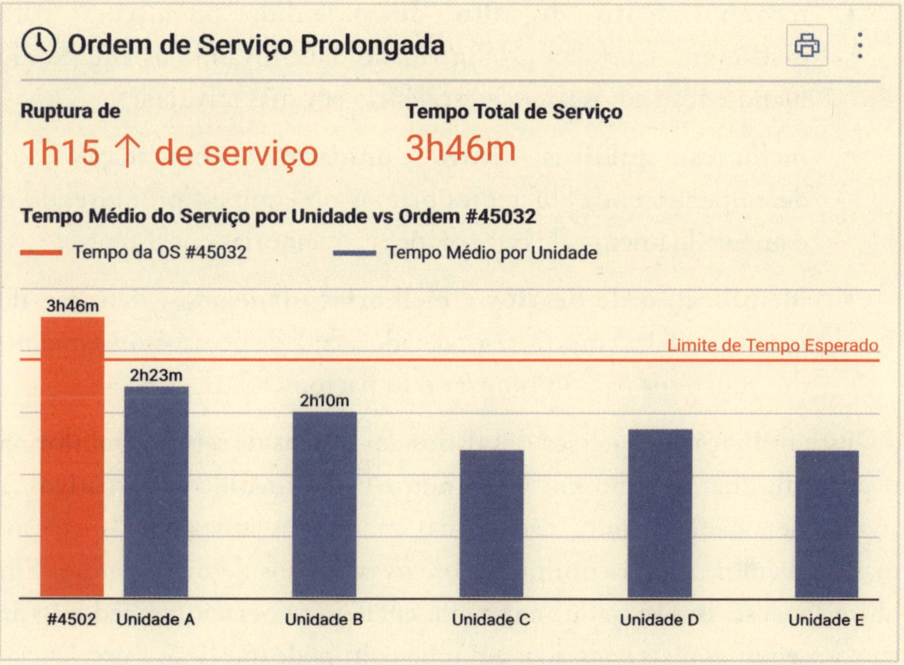

Figura 60 – Ordem de serviço prolongada

Os benefícios dessa análise vão além de simplesmente identificar falhas pontuais. Sistemas com IA agora conseguem gerar *insights* acionáveis, como alertas sobre desvios de tempo e recursos, identificação de problemas crônicos nas rotinas ou até recomendações para ajustar o planejamento. Isso dá aos gestores uma nova capacidade de tomar decisões baseadas em dados reais, permitindo não apenas corrigir problemas recorrentes, mas também prevenir futuros gargalos.

As possibilidades de melhoria são inúmeras. Entre os principais benefícios estão:

- **indicadores de produtividade e desempenho:** relatórios claros que mostram o tempo médio gasto em cada tipo de intervenção, ajudando a identificar gargalos e áreas para otimização;
- **reconhecimento de alto desempenho:** premiações para executantes com alta produtividade, incentivando as equipes de manutenção a buscarem a excelência em suas atividades;
- **melhores práticas entre unidades:** comparação de desempenho entre diferentes plantas ou equipes, promovendo o compartilhamento de boas práticas e melhorias consistentes;
- **identificação de desvios e melhorias planejadas:** detecção de inconsistências como atrasos devido à falta de peças, e ajustamento dos processos para minimizar o impacto.

Essa utilização estratégica dos dados das ordens de serviço transforma o papel da manutenção em algo muito mais dinâmico e proativo. A análise detalhada permite não apenas manter os ativos em operação, mas também melhorar continuamente os processos de manutenção. Em última análise, isso se traduz em maior eficiência operacional, redução de custos e equipes mais engajadas em uma cultura de inovação e excelência.

Impacto na segurança dos manutentores

Até agora, tratamos, principalmente, da produtividade do manutentor, mas a manutenção assistida traz outros benefícios diretos igualmente significativos, como o impacto direto na segurança do colaborador. Um exemplo claro é a geolocalização que registra a posição dos colaboradores em tempo real e permite enviar chamados de emergência. Fundamental em plantas de grande porte em que as distâncias são enormes. Justamente por isso, saber a geolocalização certa faz toda diferença no caso de uma emergência.

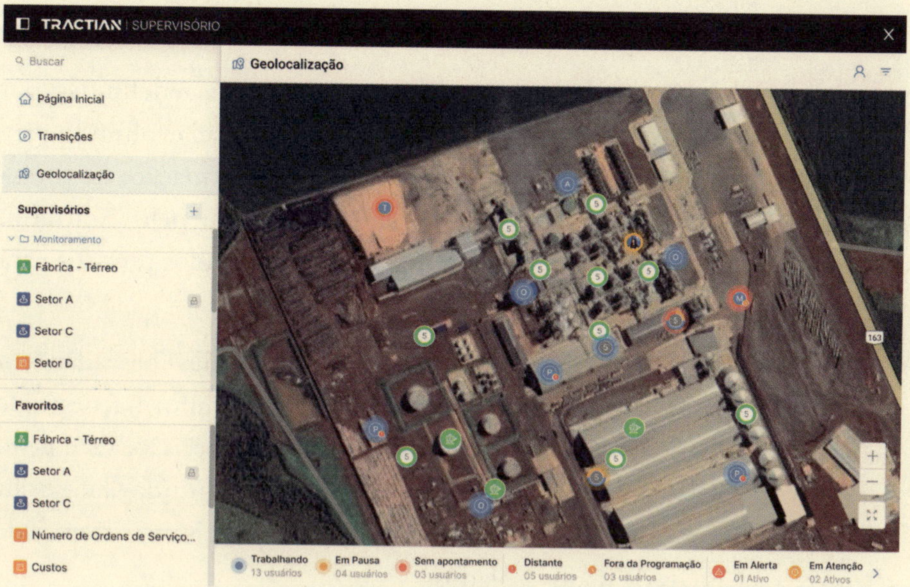

Figura 61 – Geolocalização on-line

Outro exemplo clássico é o monitoramento de ativos que reduz, ou até elimina, a necessidade de exposição a locais de risco, como em torres de resfriamento ou exaustores. Antes, equipamentos em altura exigiam inspeções *in loco* para verificar condições, como vibração, na tentativa de identificar possíveis defeitos. Essas atividades não apenas demandavam um esforço considerável, mas também envolviam alto risco para os profissionais.

Com as tecnologias de monitoramento remoto, tornou-se possível realizar essas verificações sem expor o colaborador a situações perigosas. O impacto na segurança é imediato e significativo, consolidando-se como um dos maiores benefícios gerados pela manutenção assistida. Essa abordagem está alinhada com as diretrizes das Normas Regulamentadoras (NRs.), que incentivam a utilização de meios alternativos para evitar a exposição do profissional a riscos. As normas reforçam que, apenas na ausência de alternativas, a atividade deve ser realizada manualmente.

A evolução do papel do manutentor

Com as atividades de manutenção cada vez mais redefinidas por sistemas assistidos, o papel do técnico de manutenção está evoluindo para incluir mais etapas de análise e estratégia. Essa transformação, de forma alguma, substitui a necessidade de habilidade técnica; pelo contrário, potencializa as habilidades do profissional ao fornecer dados precisos para decisões fundamentadas.

Ferramentas como sistemas CMMS e plataformas baseadas em inteligência artificial produzem volumes massivos de informações, que demandam interpretação qualificada para tomadas de decisão. Esse novo contexto empodera o técnico da Manutenção 4.0, permitindo-lhe extrair valor de dados que antes estavam dispersos ou inacessíveis em sistemas de telemetria e bancos de dados isolados.

O poder da informação está na capacidade de transformar dúvidas em certezas. Em vez de adotar uma abordagem reativa ou excessivamente conservadora, como "na dúvida, é melhor trocar o eixo", os técnicos agora podem afirmar com confiança: "Não precisamos realizar uma parada no próximo mês, porque todos os parâmetros estão sendo monitorados e o histórico não mostra tendência de aumento." Esse tipo de decisão, sustentada por dados, elimina intervenções excessivas, otimiza recursos e mantém a operação sem interrupções desnecessárias.

Diariamente, os manutentores tornam-se protagonistas em evitar paradas preventivas excessivas e em implementar estratégias mais inteligentes de manutenção. Com acesso a sistemas que consolidam dados de sensores, históricos de falhas e tendências operacionais, os manutentores podem identificar problemas antes que se tornem críticos e priorizar atividades com maior impacto na disponibilidade dos processos.

Essas novas etapas de decisão colocam os manutentores em uma posição mais estratégica dentro das organizações. Ou seja, eles deixam de ser apenas executores de tarefas predeterminadas e se tornam tomadores de decisões, contribuindo, diretamente, para a eficiência operacional e para a sustentabilidade dos processos.

Ainda não há consenso sobre as formas de aplicação das novas atribuições e dos novos cargos gerados para o Manutentor 4.0, o que reflete a diversidade de interpretações e necessidades específicas de diferentes contextos industriais. Em algumas empresas, tem sido utilizado o termo Operador Manutentor, que remonta ao conceito introduzido pelo Total Productive Maintenance (TPM).

Esse termo descreve o operador de máquinas que realiza tarefas de manutenção autônoma, agora ampliadas com o apoio de tecnologias assistidas, como sistemas de autodiagnóstico de falhas. Essas tecnologias permitem que ele expanda suas intervenções, que antes eram extremamente limitadas.

Com a orientação fornecida pelo autodiagnóstico e pelas instruções específicas de inspeção geradas por algoritmos de LLM, esse profissional se torna capaz de agir com maior precisão, gerando impacto significativo na eficiência da operação. Dessa forma, o Operador Manutentor é guiado a executar atividades de menor complexidade, garantindo as condições adequadas de operação e a mantenabilidade do equipamento, enquanto tarefas mais complexas permanecem sob a responsabilidade da equipe de manutenção especializada.

Por outro lado, em outros contextos voltados para a otimização estratégica do valor gerado pelos ativos, o termo **APT (Asset Performance Technician)** (Técnico de Desempenho de Ativos) tem ganhado destaque. Essa estratégia enfatiza a função do manutentor como um especialista em utilizar ferramentas de manutenção assistida para maximizar o desempenho dos ativos e da operação como um todo. O **APT** vai além das funções tradicionais de manutenção, atuando como um analista técnico focado no monitoramento, na interpretação e na otimização de indicadores de desempenho, tanto do processo quanto dos equipamentos, o que garante a eficiência e a otimização da produção.

À medida que a **Manutenção Assistida** evolui, é provável que surjam outros modelos de cargos que melhor se adaptem às realidades específicas de cada contexto industrial. No entanto, a essência permanece a mesma: habilitar os profissionais de manutenção a operarem no centro das decisões, apoiados por tecnologias que aumentam sua capacidade de agir com precisão e impacto.

Capacitação para profissionais de manutenção

Uma das dúvidas mais recorrentes entre gestores ao serem apresentados às tecnologias de manutenção assistida é: será que minha equipe consegue se adaptar a esse novo sistema? Será que isso vai funcionar na minha realidade? Esses questionamentos são legítimos, especialmente em ambientes onde as práticas tradicionais estão consolidadas há anos, e onde mudanças tecnológicas, frequentemente, geram receios quanto à curva de aprendizado e à adaptação por parte dos profissionais.

Historicamente, a evolução tecnológica sempre exigiu algum grau de requalificação. Na engenharia, a digitalização do desenho técnico, com a introdução de sistemas como CAD (Computer-Aided Design) e CAM (Computer-Aided Manufacturing), demandou uma mudança significativa nas competências dos profissionais. No entanto, os resultados superaram amplamente qualquer barreira de adaptação. Projetos que antes demoravam semanas para serem modelados e testados passaram a ser desenvolvidos em poucas horas, acelerando os processos produtivos e aumentando a competitividade das empresas.

A história nos ensina que, com o devido preparo, a transição não apenas é possível, mas também inevitável. As vantagens oferecidas pelas novas tecnologias são tão significativas que, uma vez implementadas, transformam, permanentemente, a forma como as atividades são realizadas. Quando a tecnologia se consolida no mercado, o desafio deixa de ser apenas técnico e passa a ser, sobretudo, humano: como preparar os profissionais para utilizarem as novas ferramentas e atenderem às novas demandas do trabalho?

Figura 62 – Engenharia de projetos à moda antiga

Para que essa evolução fosse bem-sucedida no passado, programas de capacitação foram essenciais, garantindo que os profissionais aprendessem, gradualmente, a utilizar as novas ferramentas de forma eficiente. Da mesma maneira, a implementação de tecnologias de manutenção assistida exige investimento contínuo em treinamento. Somente assim as equipes poderão explorar todo o potencial das inovações e superar as barreiras iniciais de adaptação, transformando desafios em oportunidades de crescimento e inovação.

Desafios na capacitação de profissionais

RESISTÊNCIA À MUDANÇA

Um dos desafios mais comuns na introdução de novas tecnologias é a resistência à mudança. Muitos profissionais, especialmente aqueles com anos de experiência em métodos tradicionais, podem encarar as tecnologias assistidas com desconfiança. Entre as principais razões para essa resistência, estão:

- **medo de substituição:** a preocupação de que a tecnologia possa tornar o papel humano obsoleto;
- **desconforto com o desconhecido:** a falta de familiaridade com sistemas digitais e conceitos, como inteligência artificial e análise de dados;
- **acomodação em processos estabelecidos:** a dificuldade em abandonar práticas consolidadas que já foram eficazes no passado.

Superar essa resistência não é uma tarefa simples e exige uma comunicação clara, que remova as desconfianças desde o início. É essencial demonstrar que as tecnologias assistidas não substituem o ser humano, mas ampliam a sua capacidade de atuar de forma mais estratégica e eficiente.

Uma analogia eficaz para apresentar o impacto das tecnologias assistidas é compará-las à transição da utilização de mapas para a navegação por GPS.

No passado, viagens longas exigiam mapas: era preciso estudar a rota com antecedência, parar para se localizar, corrigir erros e revisar, constantemente, o trajeto para garantir que tudo estava conforme o planejado. Embora esse método funcionasse, ele era complexo e sujeito a falhas. A chegada do GPS revolucionou esse processo.

Hoje, o resultado final – chegar ao destino – é o mesmo, mas a experiência foi completamente transformada. Com o GPS, é possível visualizar a rota em tempo real, obter previsões de chegada, recalcular automaticamente caso uma saída seja perdida e até traçar rotas alternativas para evitar congestionamentos. O destino não mudou, mas a qualidade e a eficiência da viagem foram, significativamente, aprimoradas.

Figura 63 – Mapa X GPS

Da mesma forma, a manutenção assistida funciona como um "GPS para máquinas". Com ela, as equipes conseguem monitorar os ativos em tempo real, prever problemas antes que se tornem críticos, ajustar rotinas rapidamente e tomar decisões mais bem elaboradas. Mostrar essa perspectiva aos profissionais resistentes ajuda a reduzir o receio inicial, destacando que a tecnologia não substitui suas habilidades, mas potencializa seu trabalho e transforma a experiência de cuidar das máquinas.

Diferenças de nível de conhecimento

Outro desafio significativo na implementação de tecnologias de manutenção assistida é a disparidade nos níveis de conhecimento técnico dentro das equipes. Em muitas indústrias, as equipes de manutenção são compostas por profissionais de diferentes gerações e formações, o que gera variações na habilidade de lidar com tecnologias avançadas. Entre os cenários mais comuns, estão:

- **técnicos mais experientes, mas com menor familiaridade tecnológica:** esses profissionais possuem uma habilidade prática significativa e profundo conhecimento dos ativos, mas, muitas vezes, enfrentam dificuldades para operar ferramentas digitais, como sistemas de monitoramento e plataformas de análise;
- **novas gerações com maior aptidão tecnológica, mas pouca experiência prática:** jovens técnicos, por outro lado, tendem a aprender rapidamente a utilização de sistemas digitais, mas carecem da vivência necessária para interpretar dados no contexto das operações ou para realizar intervenções técnicas de maneira eficaz.

Para lidar com essas diferenças, é essencial adotar estratégias de treinamento personalizadas, que atendam às necessidades específicas de cada grupo. Algumas abordagens eficazes incluem:

- **treinamentos híbridos:** oferecer capacitação que combine o aprendizado de ferramentas tecnológicas com o compartilhamento de conhecimentos práticos. Essa integração permite que profissionais mais experientes e jovens técnicos aprendam uns com os outros, promovendo uma troca valiosa de habilidades;

- **mentoria cruzada:** implementar programas de mentoria nos quais profissionais experientes ensinem técnicas de manutenção tradicionais, enquanto os mais jovens ajudam a integrar as tecnologias ao dia a dia da equipe. Esse modelo fortalece a colaboração e acelera o processo de adaptação.

Os sistemas de manutenção assistida são projetados com foco na usabilidade e em interfaces intuitivas, o que facilita sua adoção por públicos diversos. Um exemplo prático é a utilização de recursos como ***speech-to-text*** (fala para texto) e mensagens por áudio para o preenchimento de ordens de serviço, uma solução que tem permitido até mesmo operadores com dificuldades de escrita ou pouca familiaridade com ferramentas digitais utilizarem as plataformas de forma eficaz.

Embora as diferenças nos níveis de conhecimento técnico sejam um desafio real, elas têm sido superadas rapidamente graças à combinação de treinamentos eficientes e ferramentas acessíveis. Casos de sucesso mostram que, com o suporte adequado, até mesmo profissionais inicialmente resistentes ou menos familiarizados com tecnologia conseguem incorporar a utilização de sistemas digitais às suas rotinas de trabalho, contribuindo, significativamente, para o sucesso da transição tecnológica.

CAPÍTULO 7 – IMPLEMENTAÇÃO PRÁTICA

A adoção da manutenção assistida requer uma estratégia que combine avaliação de necessidades, seleção de tecnologias, integração de sistemas, capacitação da equipe, gestão de mudanças, monitoramento contínuo, investimento em infraestrutura e foco em segurança e conformidade normativa. Essa estratégia pode ajudar a garantir uma implementação bem-sucedida, e resultar em maior eficiência operacional, redução de custos e melhoria da confiabilidade dos ativos.

No primeiro capítulo, apresentamos de maneira introdutória as estratégias de manutenção, e discorremos sobre a necessidade de defini-las de acordo com a prática empírica, para evitar desvios. Falamos, ainda, sobre a distinção entre estratégia, tática e tipos de manutenção, o que geralmente é alvo de dúvida e confusão, devido à desinformação. Por isso, apresentaremos aqui os pormenores da implementação prática dessas estratégias.

Estratégia de manutenção assistida

Estratégia de manutenção em que as atividades de monitoramento, diagnóstico, prognóstico e, em alguns casos, até as de tratamento, ou seja, as de solicitação de execução de reparos corretivos são realizadas com o auxílio de tecnologias avançadas, como sensores inteligentes, sistemas de monitoramento on-line, inteligência artificial e plataformas de manutenção preditiva (GALAR e KUMAR, 2017). Ela pode atuar de forma integrada com todas as outras abordagens de manutenção através de hardware, software e pessoas.

Características

Aplicação de tecnologias avançadas: utiliza as tecnologias avançadas para integrar hardware, software e pessoas, de maneira a acumular dados para assistir o processo deliberativo.

Conectividade: utiliza a Internet Industrial das Coisas (IIoT) para manter os ativos conectados e consequentemente monitorados.

Mobilidade: utiliza a mobilidade para otimizar os processos de manutenção e reduzir desperdícios e custos.

Exemplo de aplicação

Um bom exemplo de aplicação da estratégia de **manutenção assistida** pode ser uma planta industrial na qual há uma grande quantidade de ativos que precisam ter a condição inspecionada constantemente, mas cujas rotas de inspeção são inviáveis do ponto de vista financeiro, pois consumiriam grande quantidade de recursos como instrumentos, ferramentas, equipamentos e mão de obra qualificada.

Diante disso, a manutenção assistida através do monitoramento online da condição dos ativos, substitui as rotas de inspeção, pois, se uma vibração anormal, relacionada com uma falha potencial já conhecida pelo algoritmo, é detectada por um sensor instalado em um motor, o sistema de CMMS/EAM pode enviar um alerta, gerar uma ordem de serviço para os técnicos, sugerir uma inspeção detalhada ou mesmo solicitar, de forma automática, um ajuste ou um reparo que previna o agravamento da situação e, consequentemente, uma falha funcional.

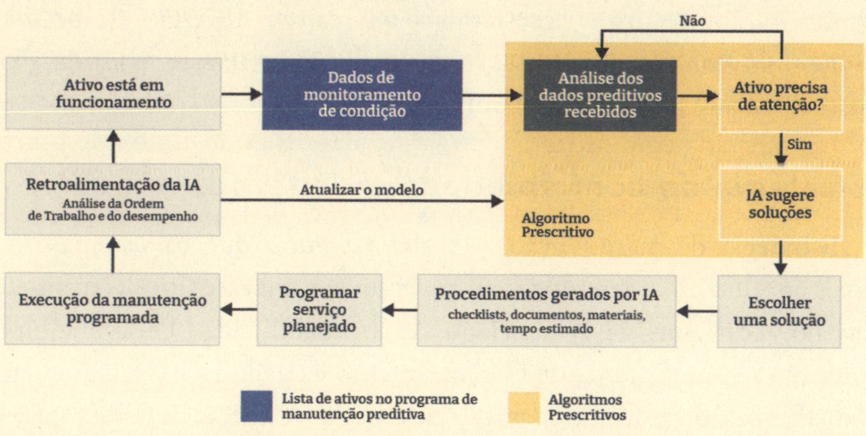

Figura 64 – Estratégia de manutenção assistida

Nesse contexto, a manutenção assistida é uma estratégia de manutenção que se integra a todas as outras estratégias de manutenção e de gestão.

No sentido amplo da palavra, ou seja, do ponto de vista da gestão, ela é uma estratégia indispensável para que a manutenção de uma determinada empresa possa ser classificada como de quarta geração.

A partir do referencial estratégico, ela requer, além da plena integração com a filosofia de manutenção e de gestão adotada pela administração das empresas, decisões que exigem investimentos em recursos, tais como:

- mão de obra (qualificação);
- desenvolvimento (cursos/treinamentos);
- ativos como máquinas, equipamentos, instrumentos e ferramentas;
- materiais e insumos (peças de reposição e consumíveis);
- energias (renováveis);
- hardware (sensores inteligentes);
- software (CMMS/EAM/RAMS).

Portanto, cabe, exclusivamente, ao gestor de manutenção, responsável por determinar a estratégia de manutenção, mensurar, solicitar e administrar os recursos necessários para realizar a gestão de pessoas, serviços, ativos, energias e riscos, através da manutenção assistida e do ajuste do orçamento e dos investimentos necessários.

Estratégia de confiabilidade monitorada

Estratégia de manutenção que visa assegurar que os sistemas e os ativos continuem a desempenhar suas funções durante um determinado período, com um nível desejado de confiabilidade. Pode incluir a utilização de um Sistema de Gerenciamento e Análise de Confiabilidade (RAMS) ou o monitoramento on-line da condição e desempenho dos ativos. Desenvolvida, originalmente, na indústria da aviação, essa estratégia identifica as funções dos ativos, os modos de falha possíveis, suas consequências e as ações mais adequadas de manutenção para prevenir, mitigar ou realizar as contingências das falhas, a partir de aspectos como segurança, operabilidade e custos (MOUBRAY, 1997).

Características

Análise de criticidade e funcional: foca em entender a criticidade e as funções que cada sistema ou equipamento possui e identifica os impactos potenciais de suas falhas em termos de segurança, produção, operação e custos.

Identificação de modos de falha e monitoramento online da condição dos ativos: utiliza a Análise de Modos de Falha e Efeitos (FMEA) para identificar como e por que os ativos falham e os monitora em regime 24/7.

Definição de tarefas de manutenção: com base na análise de falhas, determina quais ações de manutenção são necessárias. Essas ações podem ser preventivas (inspeções e substituições programadas), preditivas (monitoramento online de condição) ou corretivas (executadas após a identificação de um defeito ou de uma falha).

Exemplo de aplicação

Um bom exemplo de aplicação da estratégia de confiabilidade monitorada pode ser uma planta de energia eólica, onde os ativos são de difícil acesso e ainda requerem procedimentos normatizados, como permissão de trabalho em altura ou espaço confinado, que consomem muitos recursos como mão de obra, ferramentas, equipamentos e instrumentos.

Nesse contexto, ela pode ser utilizada para garantir que as turbinas e os geradores operem de maneira confiável e segura. Por meio do monitoramento online da condição dos ativos, a planta pode identificar modos de falha críticos, como desgaste de componentes, e implementar estratégias de manutenção preventiva, preditiva, prescritiva e assistida, para garantir que os ativos continuem a funcionar dentro dos parâmetros desejados.

Figura 65 – MCC/RCM aplicado em turbinas eólicas

Estratégia de gestão de pessoas

Estratégia de manutenção que enfatiza a importância das competências, do envolvimento e do desenvolvimento dos profissionais de manutenção como elementos-chave para o sucesso da manutenção. Ela considera que o desempenho e a eficácia da manutenção dependem não apenas de processos e tecnologias, mas também, e principalmente, das pessoas que executam essas atividades.

Características

Investimentos em desenvolvimento: aloca recursos financeiros e humanos no desenvolvimento e capacitação dos profissionais de manutenção.

Treinamento contínuo: mantém um plano de treinamento contínuo com avaliações para equalizar as habilidades e alinhar especificidades da manutenção em cada contexto.

Plano de carreira: possui plano de carreira com base no desempenho e na meritocracia.

Exemplo de aplicação

Um bom exemplo de aplicação da estratégia de **gestão de pessoas** pode ser uma planta de manufatura, onde a mão de obra de manutenção esteja desmotivada ou com elevada rotatividade.

Quando isso ocorre, a gestão de pessoas inclui investimentos em desenvolvimento, programas contínuos de treinamento técnico e de segurança para os manutentores, além de sessões de tempestade de ideias, para a melhoria dos processos de manutenção e planos de carreiras. A liderança pode implementar práticas de reconhecimento e recompensa para motivar os profissionais e promover uma cultura de alta performance (LEWIS, 1999).

Figura 66 – Treinamento e capacitação em indústria

Estratégia de gestão de serviços

Estratégia de manutenção que enfatiza a qualidade, a eficiência e a eficácia dos serviços de manutenção predial e facilidades, tanto internos quanto terceirizados. Esta estratégia visa a garantir que os serviços executados estejam alinhados às necessidades produtivas e operacionais da organização, e proporciona o máximo de valor com o mínimo de interrupções e custos (NORMANN, 2000).

Características

Terceirização: subcontrata parceiros para prestação de serviços especializados que não façam parte da atividade fim e cujas atividades não sejam estratégicas para garantir o desempenho da manutenção.

Avaliação de desempenho: mantém um programa periódico de avaliação de desempenho dos serviços prestados.

Avaliação de impacto social: mantém um plano de avaliação do impacto social, de acordo com as diretrizes e políticas de governança ambiental e social (ESG).

Exemplo de aplicação

Um bom exemplo de aplicação da estratégia de gestão de serviços pode ser uma empresa de logística onde as empresas prestadoras de serviços estejam realizando suas atividades sem controle, registro e medição de desempenho, de maneira que possam ser quantificados e qualificados.

Nesse caso, a gestão de serviços ao criar SLAs (Service Level Agreement) detalhados com fornecedores terceirizados, pode garantir que eles atendam aos tempos de resposta e aos critérios de qualidade definidos. Além disso, a empresa pode utilizar um Sistema Computadorizado de Gerenciamento de Manutenção (CMMS) para monitorar a prestação dos serviços e identificar oportunidades de melhoria.

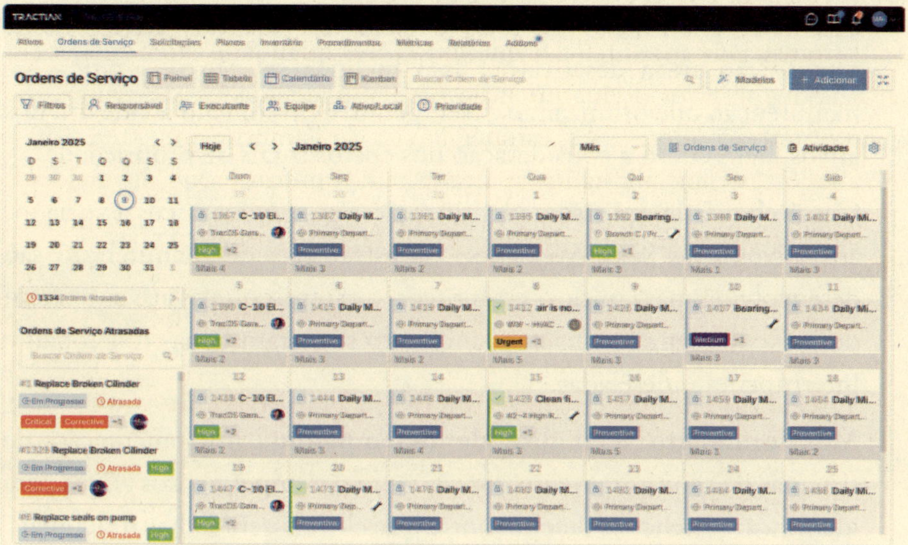

Figura 67 – Calendário de manutenção em CMMS

Estratégia de gestão de ativos

Estratégia de manutenção que integra práticas de manutenção com a gestão de ativos físicos ao longo de todo o seu ciclo de vida e pode incluir a utilização de um sistema de Gestão de Ativos Empresariais (EAM). Ela maximiza o valor dos ativos para a organização, e garante que eles operem de maneira eficiente, segura e econômica, ao mesmo tempo em que são preservados e otimizados para uma vida útil prolongada (CAMPBELL, JARDINE e MCGLYNN, 2010).

Características

Integração com a gestão de ativos: a manutenção é vista como uma parte essencial da gestão de ativos, que envolve aquisição, operação, manutenção e disposição de ativos ao longo do seu ciclo de vida. A estratégia de manutenção deve estar alinhada com os objetivos de gestão de ativos da organização, que podem incluir maximização da disponibilidade, minimização de custos e mitigação de riscos.

Análise do ciclo de vida dos ativos: a manutenção é planejada e executada em função de todo o ciclo de vida dos ativos, desde a aquisição até a desativação. Isso inclui a seleção de práticas de manutenção que otimizam o desempenho e prolongam a vida útil dos ativos, bem como a consideração dos custos totais de propriedade.

Gestão baseada em risco: identificação e gestão dos riscos associados aos ativos e às suas operações. As estratégias de manutenção são desenvolvidas para mitigar esses riscos, e garantir que os ativos operem de maneira segura e eficiente, enquanto se evitam falhas funcionais e interrupções indesejadas.

Monitoramento e análise de desempenho: implementação de sistemas de monitoramento contínuo do desempenho dos ativos para identificar potenciais defeitos antes que eles causem falhas funcionais. Isso pode incluir a utilização de tecnologias de manutenção preditiva e análise de dados, inteligência artificial, para prever a necessidade de manutenção e otimizar as intervenções.

Tomada de decisão baseada em dados: utilização de dados coletados de ativos (monitoramento da condição), histórico de falhas, desempenho operacional e custos de manutenção, para informar as decisões sobre as necessidades de realizar manutenção. Isso inclui a priorização de intervenções de manutenção, com base em dados objetivos, e na otimização de recursos.

Exemplo de aplicação

Um bom exemplo de aplicação da estratégia de **gestão de ativos** pode ser uma empresa de transporte rodoviário de passageiros, que devido a falhas constantes dos veículos, está com elevado custo operacional, devido a multas, ou enfrentando processos por indenizações e desperdiçando recursos financeiros e humanos com transbordo, socorro, e guincho nas estradas.

Para enfrentar essa situação, a gestão de ativos pode implementar a renovação periódica da frota, antes que os veículos entrem em estágio de depreciação, passando a gerar elevadas despesas. O objetivo é evitar que os ativos em processo de depreciação tornem-se onerosos para o negócio.

Figura 68 – Manutenção em frota de veículos

Estratégia de gestão de energias

Estratégia de manutenção que visa otimizar o consumo energético nos processos industriais, operacionais e de manutenção. Essa estratégia tem como objetivo reduzir desperdícios, aumentar a eficiência dos equipamentos e garantir a sustentabilidade das instalações, utilizando tecnologias e metodologias para monitoramento, controle e melhoria contínua da utilização de energia.

O objetivo principal é equilibrar o desempenho dos ativos com a minimização do impacto ambiental e a redução de custos operacionais, por meio de técnicas como a Manutenção Preditiva, Prescritiva e Assistida, da Gestão Ativa de Energia e da utilização de fontes renováveis determinadas pelo processo de transição energética (CULLEN e ALLWOOD, 2010).

Características

Monitoramento e controle energético: Envolve o uso de sistemas, sensores inteligentes e inteligência artificial para acompanhar o consumo de energia em tempo real, identificando padrões de desperdício e oportunidades de eficiência.

Otimização da utilização de energia: Aplicando técnicas como a manutenção baseada na condição e a substituição de equipamentos por versões mais eficientes energeticamente.

Utilização de energias renováveis: Integração de fontes sustentáveis como solar, eólica e biomassa para reduzir a dependência de combustíveis fósseis, por meio das diretrizes de transição energética.

Exemplo de aplicação

Um bom exemplo de aplicação da estratégia de **gestão de energias** pode ser uma planta siderúrgica em que esteja ocorrendo desperdício de recursos com energias, ou onde a matriz energética ainda não tenha iniciado o processo de transição energética.

Nessa conjuntura, ela pode ser implementada por meio do monitoramento contínuo do consumo de eletricidade e combustíveis nos fornos e laminadores. A utilização de um sistema de monitoramento energético permite não só a identificação de picos de consumo e a aplicação de estratégias de redução, como também o reaproveitamento de calor residual. Além disso, sensores IIoT podem ser empregados para prever falhas em motores elétricos e otimizá-los para operar em condições ideais. Esse processo reduz perdas de energia e melhora a eficiência do processo produtivo.

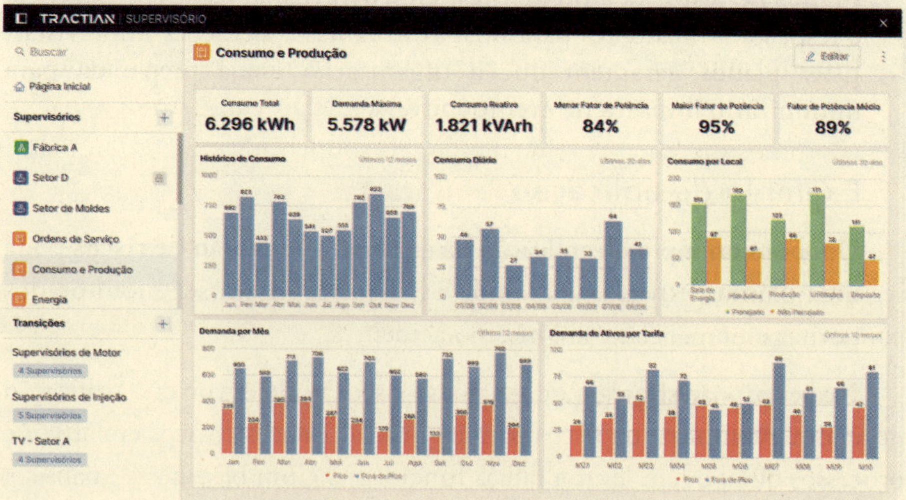

Figura 69 – Tela do supervisório de energia

Estratégia de gestão de riscos

Estratégia de manutenção que integra a gestão de riscos com as práticas de manutenção, com o objetivo de identificar, avaliar e mitigar os riscos associados aos ativos e às suas operações. Ela foca na identificação de potenciais falhas e perigos antes que eles ocorram, e implementa ações para reduzir a probabilidade e o impacto desses riscos, além de garantir a segurança, a confiabilidade e a continuidade das operações (SMITH, 2012).

Características

Análise, identificação e mitigação de riscos: analisa, identifica e mitiga os riscos associados aos ativos e à manutenção, considerando fatores como falhas potenciais e funcionais, impacto ambiental, segurança e conformidade regulatória. A identificação de riscos é baseada em análises detalhadas, histórico de falhas e monitoramento online da condição dos ativos.

Análise de consequências: Avalia as possíveis consequências dos riscos, o que inclui impactos na produção, operação, segurança, meio ambiente e custos. Isso ajuda a priorizar as ações de manutenção e a alocar recursos de maneira eficaz.

Planos de resposta a incidentes: Desenvolve planos de contingência e resposta a incidentes para lidar com falhas e situações imprevistas. Esses planos garantem que a organização esteja preparada para minimizar o impacto de eventos adversos.

Exemplo de aplicação

Um bom exemplo de aplicação da estratégia de **gestão de riscos** pode ser uma planta petroquímica, onde os riscos precisam ser monitorados para evitar emergências e até mesmo acidentes.

Nesse caso, a estratégia de gestão de riscos pode envolver a realização de análise preliminar de riscos para identificar pontos críticos em ativos e processos que podem levar a falhas funcionais. Com base nessa análise, a planta pode implementar manutenção preventiva e preditiva, monitorar continuamente os ativos e ter planos de contingência preparados para lidar com situações emergenciais.

Figura 70 – Indústria petroquímica

Para além de detalhar aspectos da implementação prática da manutenção assistida, no próximo capítulo, há um estudo de caso, que permite analisar um caso real, do qual podem ser extraídas lições para compreender melhor a trajetória da implementação da manutenção assistida.

CAPÍTULO 8 – ESTUDO DE CASO

A implementação prática dos conceitos e das técnicas de manutenção assistida é essencial para uma compreensão completa da sua eficácia e dos desafios que podem surgir durante a sua implementação.

Neste capítulo, você encontrará um estudo de caso detalhado, que oferece uma visão empírica do processo de implementação e dos resultados obtidos ao aplicar uma estratégia de manutenção assistida em uma organização real. Ao longo desta análise, exploraremos as estratégias adotadas, as tecnologias empregadas, os obstáculos superados e as soluções desenvolvidas, para proporcionar uma visão prática e abrangente dos benefícios e das complexidades inerentes ao processo.

Este estudo de caso tem como objetivo servir como um guia precioso para profissionais e empresas que buscam aprimorar suas práticas de manutenção assistida, ao demonstrar como a teoria pode ser, efetivamente, transformada em resultados tangíveis e de sucesso.

Caso de sucesso

Neste caso, abordamos a implementação de uma estratégia de manutenção assistida por inteligência artificial em uma das maiores produtoras de etanol de milho da América Latina, durante o período de 2022 a 2024.

A produção de etanol é uma operação quase contínua, onde o processo de conversão do milho em etanol envolve várias etapas interligadas, como moagem, fermentação, destilação e desidratação. Paradas não programadas podem gerar um efeito cascata, ao interromperem linhas de produção e resultarem em perdas significativas.

Objetivos

A manutenção assistida por inteligência artificial foi implementada com o objetivo de aumentar a eficiência operacional e posicionar a manutenção como um setor estratégico dentro da empresa. Os principais objetivos estabelecidos foram:

- reduzir o tempo de inatividade em x%;
- detectar falhas críticas de forma proativa;
- aumentar o intervalo entre preventivas;
- otimizar o fluxo de manutenção;
- reduzir despesas com estoque;
- diminuir tempo de execução de ordem de serviço.

Seleção das tecnologias

Foram escolhidos sensores inteligentes que utilizam algoritmos de autodiagnóstico de falhas baseados em aprendizado de máquina, capazes de gerar alertas em tempo real sobre as condições dos ativos. Esses sensores monitoraram parâmetros críticos, como vibração, temperatura e horas de operação dos ativos.

Os dados coletados foram enviados para uma plataforma na nuvem, que permitiu a análise detalhada das condições dos ativos, por meio da inteligência artificial, integrada com um sistema CMMS/EAM para a abertura de ordens de serviços, planejamento e programação de atividades, além do cálculo de indicadores de desempenho.

Os técnicos de campo utilizaram dispositivos móveis integrados ao CMMS/EAM para acessar ordens de serviço, registrar atividades, receber atualizações em tempo real e colaborar com outros membros da equipe, independentemente de sua localização. Com essa tecnologia em operação, as equipes de manutenção e confiabilidade conseguiram detectar falhas em estágios iniciais, acompanhar tendências de condição e tomar decisões informadas sobre as ações de manutenção necessárias embasadas em evidências (dados).

Definição do escopo do projeto

O projeto começou com a definição dos ativos críticos que seriam monitorados. A seleção dos ativos críticos foi realizada a partir de uma matriz de criticidade, que levou em consideração a função e a importância dos ativos para o processo produtivo, o histórico de falhas e a criticidade das operações.

A matriz de criticidade é uma ferramenta essencial que classifica os ativos com base em sua importância funcional para a produção e o impacto de suas falhas. Essa análise é fundamental para determinar quais ativos devem ser priorizados em cada estratégia de manutenção. A criticidade está diretamente ligada à confiabilidade e à análise RAM (a análise RAM é a base para a Engenharia de Manutenção e tem como base os dados de confiabilidade, disponibilidade e mantenabilidade (Reliability, Availability, Maintainability) (MOUBRAY, 1997).

Critérios de avaliação

Os critérios utilizados para avaliar a criticidade dos ativos na definição das estratégias de manutenção incluem:

- **frequência de falhas:** a frequência com que o equipamento apresenta falhas – um aspecto fundamental para compreender a criticidade do ativo;
- **dificuldade de detecção da falha:** a facilidade ou dificuldade em identificar a falha antes que ela ocorra impacta diretamente na capacidade de implementar ações corretivas a tempo;
- **função que o ativo exerce no processo:** a função que o ativo exerce no processo industrial é fundamental para determinar a criticidade e a estratégia de manutenção a que ele deve ser submetido.
- **impacto da falha nas operações:** o efeito que a falha exerce sobre a produção, a segurança e as operações gerais, e inclui as consequências financeiras e operacionais.

Classificação dos ativos

Com base nesses critérios, os ativos foram classificados em três categorias:

- **criticidade A:** esses ativos eram essenciais para a planta, e suas falhas poderiam reduzir, significativamente, a capacidade produtiva, afetar a segurança e o meio ambiente, além de aumentar os custos de manutenção em mais de 20%. A alta criticidade exige uma estratégia de manutenção rigorosa e contínua para minimizar riscos (MOUBRAY, 1997);
- **criticidade B:** ativos com impacto médio, em que falhas não afetam, gravemente, a produção, mas podem elevar os custos de manutenção entre 10% e 20%. A criticidade moderada requer monitoramento regular e intervenções preventivas para garantir a operacionalidade (MOUBRAY, 1997);
- **criticidade C:** ativos com menor impacto na produção, em que eventuais falhas não geram consequências significativas. Esses ativos podem ser geridos com manutenção corretiva, dado o baixo risco associado (MOUBRAY, 1997).

A equipe identificou os ativos de criticidade A que seriam monitorados, inclusive motores, bombas, ventiladores e compressores, todos essenciais para o funcionamento contínuo das áreas de produção de etanol, óleo e utilidades. A tabela abaixo apresenta o número de sensores instalados nos processos selecionados.

Área	Processo	Nº de Sensores
Etanol	Cozimento Fase 1	8
Etanol	Cozimento Fase 2	3
Etanol	Fermentação	24
Etanol	Liquefação	3
Etanol	Mash Miller	25
Etanol	Moagem de Grãos	16
Etanol	Destilaria Fase 1	28
Etanol	Destilaria Fase 2	23
Etanol	Destilaria Fase 3	21
Etanol	Evaporação Fase 1	22
Etanol	Evaporação Fase 2	26
Etanol	Evaporação Vinhaça Fase 3	28
Etanol	Evaporação Vinhaça Fase 4	1
Óleo	Produção de Óleo	5
Óleo	Secagem Fase 1	28
Óleo	Secagem Fase 2	33
Utilidades	Caldeira Fase 1	7
Utilidades	Caldeira Fase 2	24
Utilidades	Torres de Resfriamento Fase 1	29
Utilidades	Torres de Resfriamento Fase 2	21

Figura 71 – Distribuição dos sensores

Otimização da manutenção através dos dados

A manutenção assistida não se limitou, apenas, ao monitoramento de condição dos ativos, mas também permeou todas as etapas da rotina de manutenção, ao otimizar os processos e auxiliar na tomada de decisões com base em dados. Desde a digitalização das ordens de serviço até a gestão proativa das intervenções, a utilização de dados se tornou um pilar central para aumentar a eficiência, reduzir custos operacionais e garantir a confiabilidade dos ativos.

Mobilidade na manutenção e produtividade

Para digitalizar as ordens de serviço, foi implementado um sistema/plataforma CMMS/EAM totalmente integrado ao sistema ERP (Enterprise Resource Planning – Planejamento de Recursos Empresariais), que permitia que todas as ordens fossem geradas, atribuídas e monitoradas em tempo real. Um dos avanços mais significativos foi a adoção de dispositivos móveis, como celulares, que capacitaram os técnicos a acessarem e a gerenciarem as ordens de serviço diretamente do campo. Isso eliminou a necessidade de deslocamentos até terminais fixos e permitiu o registro das atividades e dos apontamentos de maneira imediata e eficiente.

A plataforma também foi configurada para permitir o anexo de imagens, áudios e outros tipos de arquivos diretamente nas ordens de serviço, para facilitar a documentação visual e auditiva das tarefas realizadas. Além disso, os técnicos passaram a ter a capacidade de consultar a disponibilidade de peças de reposição e realizar reservas diretamente pelo celular, tudo a partir do local de trabalho. Essa funcionalidade foi fundamental para agilizar o processo de manutenção e torná-lo mais fluido e integrado.

Adicionalmente, a plataforma registrava o tempo de execução das tarefas, os apontamentos das atividades e a geolocalização das rotas de manutenção, garantindo a qualidade e a precisão das intervenções. A comunicação em tempo real entre os membros da equipe foi outra melhoria significativa, pois assegurou que todos estivessem sincronizados e bem-informados sobre o andamento das atividades.

Identificação de ativos e solicitação de serviços com QR codes

A implementação de QR codes para a identificação de ativos e a solicitação de serviços foi um passo estratégico para otimizar as operações de manutenção. Cada ativo crítico foi devidamente etiquetado com um QR code exclusivo, para permitir que os técnicos, ao escaneá-lo, acessassem, instantaneamente, o histórico completo do equipamento. Esse processo envolveu a configuração da plataforma digital para associar os QR codes a informações detalhadas, como dados de manutenção anteriores, especificações técnicas e status atual dos ativos. Além disso, o sistema foi ajustado para, quando o código fosse escaneado, os técnicos pudessem iniciar uma solicitação de serviço diretamente pela plataforma integrada, sem a necessidade de acessar múltiplas interfaces ou realizar buscas manuais.

Figura 72 – QR code em TAG

Também foram definidos QR codes em áreas produtivas para que os demais segmentos emitissem solicitações de serviços para a manutenção. O QR code abria para uma página com os procedimentos necessários para abertura da solicitação e análise do Planejamento e Controle de Manutenção (PCM) para o atendimento.

A introdução desses QR codes foi cuidadosamente planejada para garantir que os técnicos tivessem todas as informações necessárias ao alcance de um escaneamento. O objetivo era agilizar a identificação de problemas e o início dos procedimentos de manutenção.

Monitoramento on-line e supervisório

A implementação do monitoramento contínuo dos ativos foi acompanhada pela criação de uma sala de confiabilidade dedicada. Esse espaço foi equipado com múltiplos monitores que exibiam, em tempo real, supervisórios com o status dos ativos críticos, e permitia uma visualização centralizada e imediata das condições operacionais.

Além disso, a sala de confiabilidade também apresentava indicadores de manutenção que monitoravam todas as atividades das equipes, ao facilitar a gestão e o controle das operações. A instalação dos sensores nos ativos críticos permitiu a captura e a transmissão contínua de dados sobre parâmetros como vibração e temperatura, enquanto a plataforma de análise foi configurada para fornecer aos técnicos acesso ao histórico de condição e às atividades de cada equipamento.

Figura 73 – Sala da confiabilidade + Indicadores

Com essa infraestrutura, os técnicos e gerentes de manutenção podiam monitorar tendências e padrões de falhas recorrentes, o que permitia a análise detalhada e uma tomada de decisões fundamentada e eficiente.

Planejamento assistido de atividades

A implementação do planejamento assistido de atividades foi viabilizada através de um sistema CMMS/EAM integrado com inteligência artificial, algoritmos e modelo de linguagem avançada (MLA ou LLM), especificamente treinados para processar dados técnicos dos ativos.

A configuração da plataforma envolveu o mapeamento de grandes volumes de informações, inclusive de fichas técnicas, recomendações dos fabricantes e dados operacionais históricos dos ativos. Esses dados foram utilizados para criar modelos preditivos e algoritmos de otimização. Ao planejar atividades baseadas em falhas ou em planos de manutenção, a plataforma sugere ações específicas e personalizadas para cada ativo, a partir do histórico de falhas, de padrões de utilização e de condições atuais.

Esse sistema de planejamento assistido foi projetado para gerar procedimentos otimizados e precisos, e facilitou o trabalho dos planejadores de manutenção. Isso porque, a partir de então, eles conseguiram se concentrar em decisões estratégicas mais amplas, enquanto a plataforma automatizou a elaboração detalhada dos planos de manutenção. Essa implementação representou um avanço significativo na maneira como as atividades de manutenção eram planejadas e executadas, ao integrar dados de maneira inteligente e apoiar as operações diárias.

Estratégia de inspeção e diagnóstico de falhas

A empresa adotou uma rotina de inspeção e ação proativa, com objetivo de intervir nos primeiros sinais de possíveis defeitos, a fim de detectar e evitar paradas não programadas. A imagem abaixo ilustra as etapas dessa estratégia.

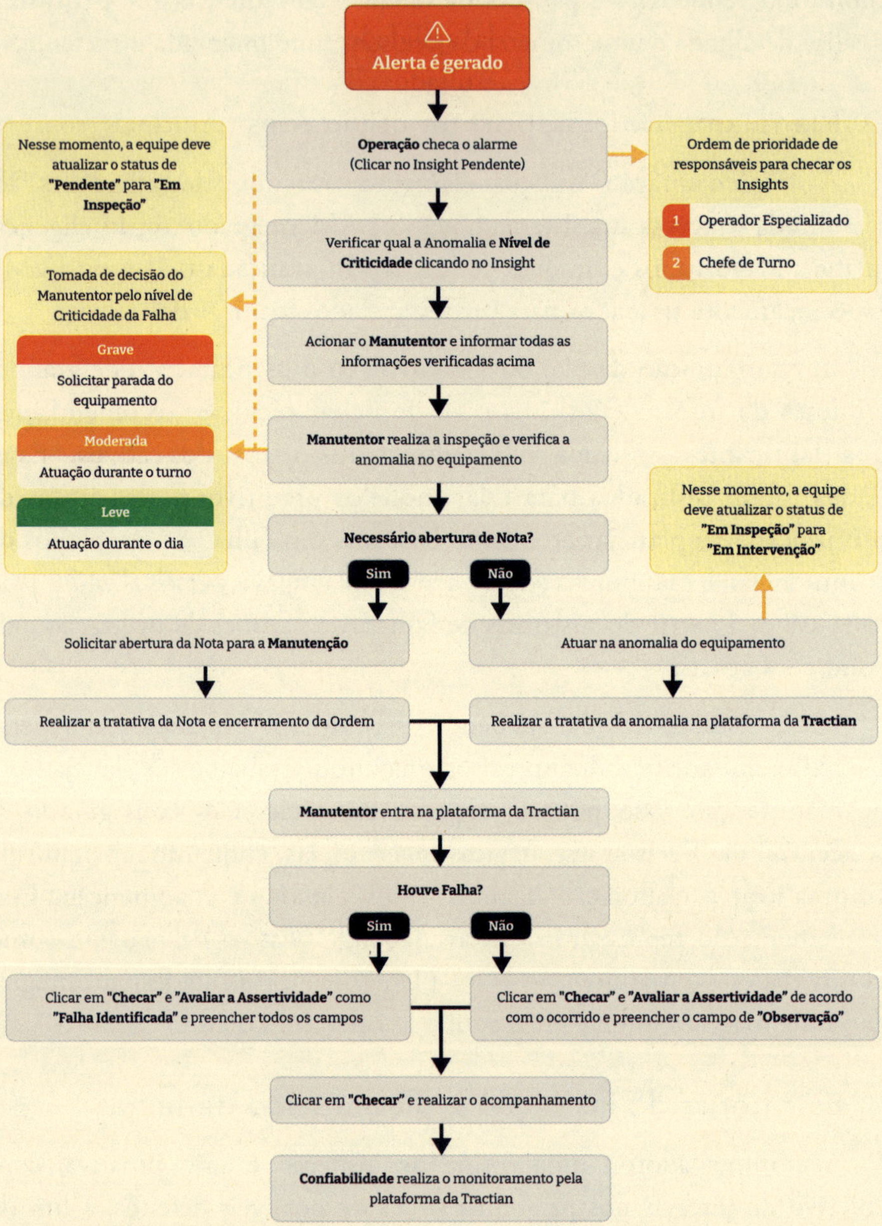

Figura 74 – Fluxo da estratégia de avaliação de alertas

Para cada etapa, foram definidos responsáveis que se comprometeram a agir conforme a estratégia estabelecida (Manutenção Assistida). O sucesso do projeto dependia da agilidade do fluxo de trabalho, para assegurar que a solução gerasse resultados consistentes ao longo do tempo. O fluxo de trabalho foi dividido em quatro etapas principais, sobre as quais discorreremos a seguir. São elas:

- **geração e avaliação de alertas;**
- **inspeção da equipe de manutenção;**
- **tratativa e resolução de defeitos;**
- **verificação e registro pós-intervenção.**

Geração e avaliação de alertas

A estratégia tem início com a geração automática de alertas pela plataforma, baseada nos dados coletados pelos sensores, instalados nos ativos críticos. Quando um alerta era gerado, a equipe de operação era imediatamente notificada e tinha que avaliar o alerta pendente na plataforma.

A imagem abaixo apresenta um exemplo de alerta relacionado a um problema de lubrificação em um motor de um chiller do processo de cozimento. Nesse alerta, foi essencial avaliar o modo de falha potencial, classificar o nível de severidade do alerta e categorizá-lo como grave, moderado ou leve, para determinar a prioridade da inspeção.

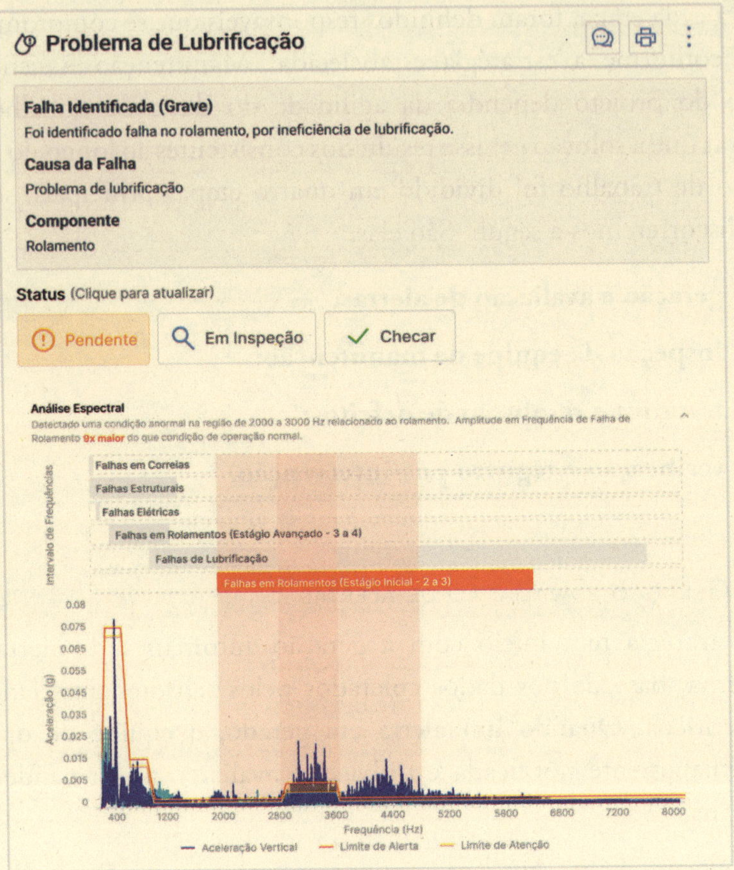

Figura 75 – Exemplo de um alerta de lubrificação

Inspeção da equipe de manutenção

Quando um alerta era gerado, a equipe de manutenção era acionada para realizar uma inspeção detalhada do ativo com defeito. Durante essa fase, os dados técnicos e históricos do ativo eram analisados para avaliar a severidade do alerta.

Cada alerta na plataforma era acompanhado de um procedimento de inspeção, como mostrado na figura abaixo, que orienta o manutentor na detecção do modo de falha para aquele ativo específico. Se fosse identificada a necessidade de uma intervenção mais complexa, uma nota de manutenção era aberta, para formalizar a ação necessária.

Figura 76 – Exemplo de procedimento de inspeção

Tratativa e resolução de defeitos

Após a identificação dos defeitos e o planejamento dos recursos necessários para a atividade, a equipe de manutenção realizava a tratativa, que poderia incluir ajustes, substituições ou reparos. Todas as ações eram registradas na plataforma CMMS, que atualizava o status do ativo e gerava um relatório detalhado de condição (saúde), baseado em análises comparativas.

Verificação e registro pós-intervenção

Após a intervenção, a equipe de manutenção realizava uma verificação do evento de manutenção. Esse processo incluía a avaliação da eficácia da intervenção e o preenchimento completo de todos os campos necessários na plataforma, para garantir um histórico preciso e detalhado.

A manutenção continuava a monitorar a confiabilidade dos ativos em tempo real, ao utilizar os dados coletados para aprimorar, continuamente, os processos de manutenção.

Cada vez que uma falha era checada, os dados de feedback eram inseridos na plataforma. A inteligência artificial utilizava esses dados para refinar seus algoritmos, ajustar os parâmetros e melhorar a capacidade de detectar defeitos futuros de maneira mais precisa.

Resultados

Falhas identificadas e monitoradas

Durante o projeto, a estratégia de recebimento de alarmes, de avaliação de diagnósticos, de inspeção pela equipe de campo e de verificação na plataforma foi executada de maneira eficiente, sem falhas, com um tempo médio de 2 dias e 13 horas para completar todo o processo. A imagem abaixo apresenta a média mensal do tempo de checagem de alertas ao longo do período do projeto.

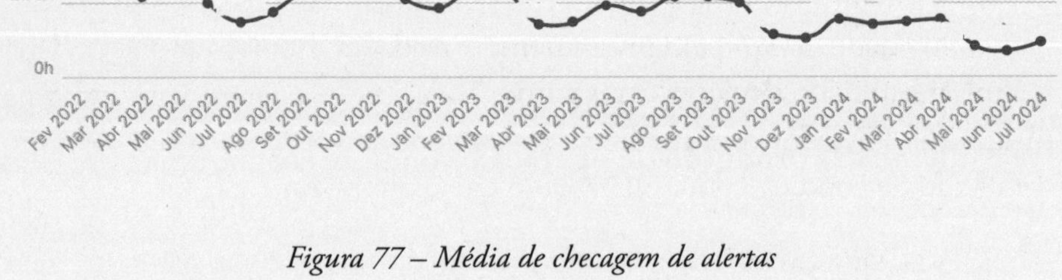

Figura 77 – Média de checagem de alertas

Foram gerados 1.323 alertas e diagnósticos para os ativos monitorados entre fevereiro de 2022 e julho de 2024. Conforme ilustrado na imagem abaixo, os alertas foram classificados por tipo.

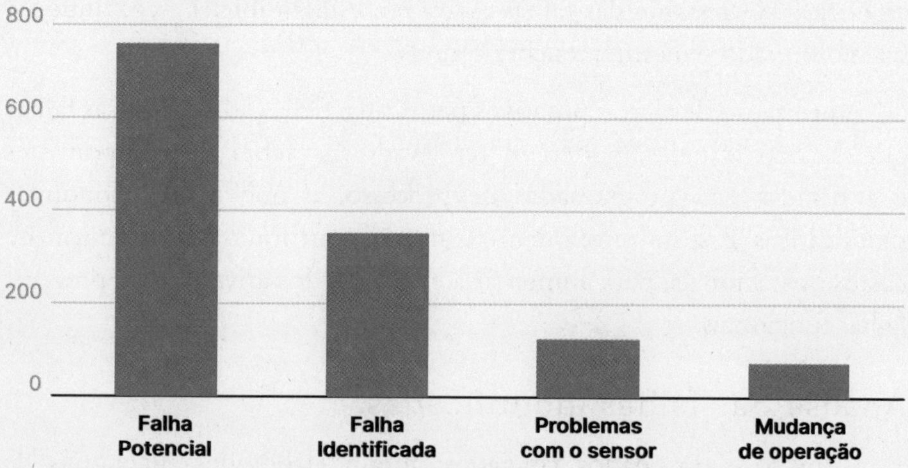

Figura 78 – Distribuição de alertas gerados

Tipos de alertas gerados

Falha potencial: condição em que a falha ainda se encontrava incipiente, ou seja, ainda muito cedo na curva de deterioração, sem a necessidade de intervenção imediata. Recomendava-se a continuidade do monitoramento.

Falha identificada: condição em que foi possível detectar sinais claros de falha potencial. Recomendava-se o planejamento da intervenção tratativa.

Problemas com o sensor: condição em que o sensor não estava em condições adequadas de operação, o que gerava risco para a sua integridade e para a qualidade do monitoramento.

Mudança de produção ou operação: condição em que uma mudança de característica da produção ou operação altera o perfil de condição do ativo. Recomendava-se um retreinamento da inteligência artificial para geração de alertas assertivos.

Aproximadamente, 27% das inspeções solicitadas resultaram na identificação de falhas, para as quais foram planejadas intervenções específicas. O restante das falhas estava em estágio inicial e continuou a ser monitorado para intervenções futuras.

A utilização de alertas proativos permitiu a detecção de diversas falhas que, se não tratadas, poderiam ter levado à quebra de componentes e a paradas não programadas de processo, o que gerou economias significativas. Esse monitoramento contínuo contribuiu para a redução de custos operacionais, para aumentar a eficiência dos ativos e para prevenir falhas funcionais.

Análise das falhas identificadas

Com base nos dados coletados, foram elaborados diagramas de Pareto, conforme ilustrado nas duas imagens a seguir, para destacar as causas mais frequentes de falhas e os componentes mais afetados. Esses diagramas revelaram que a maioria das falhas identificadas eram causadas por folgas, defeitos elétricos e desgaste, com rolamentos e rotores/eixos sendo os componentes mais impactados.

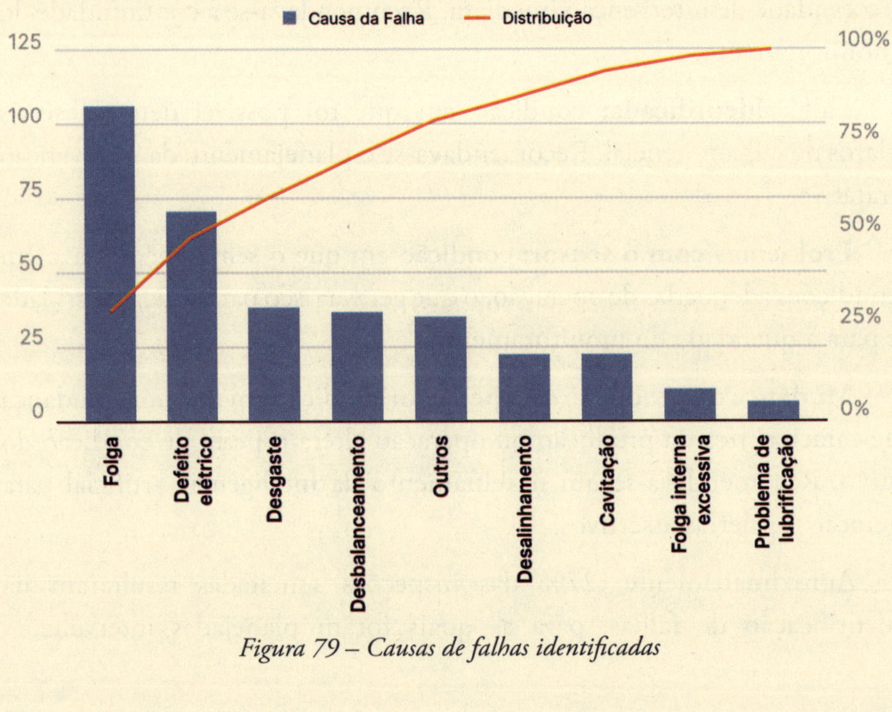

Figura 79 – Causas de falhas identificadas

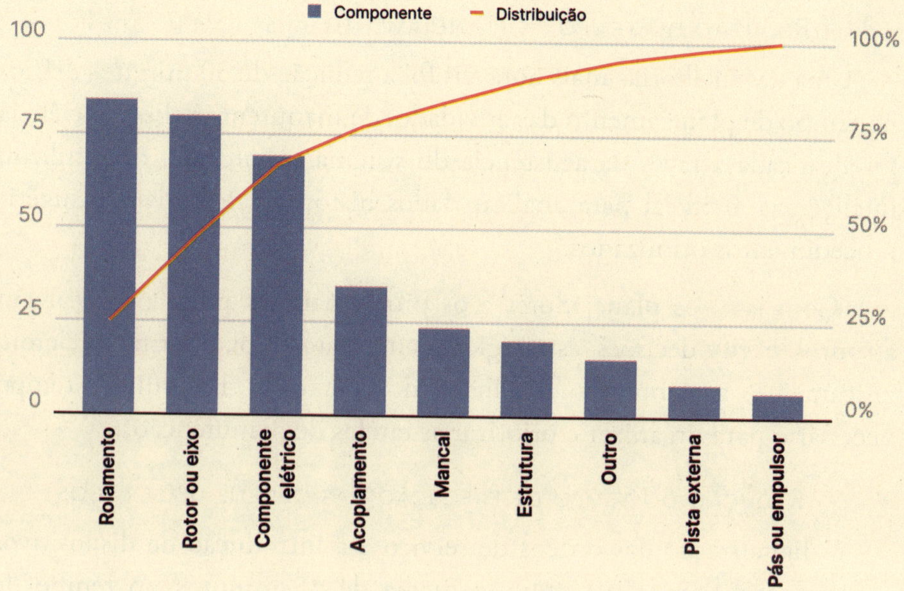

Figura 80 – Falhas dos componentes

Através da análise das falhas identificadas, a equipe de manutenção foi capaz de reconhecer padrões de falhas recorrentes e atualizar as táticas de manutenção. As mudanças implementadas incluíram a realização de inspeções mais frequentes nos componentes com maior incidência de falhas, a otimização das compras de peças e a gestão mais eficiente dos volumes de estoques de manutenção.

Resultados de eficiência e produtividade

Também foram obtidos resultados de produtividade relacionados à eficiência das atividades de manutenção, como, por exemplo, redução do tempo de planejamento, redução do tempo de execução das ordens de serviço, agilidade na abertura de solicitações de serviço e outros ganhos indiretos, assuntos sobre as quais discorreremos a seguir.

Redução do tempo de planejamento

Uma das melhorias mais notáveis foi a redução de 30 minutos diários no tempo de planejamento das atividades de manutenção. Essa eficiência foi alcançada através da assistência do sistema/plataforma, que utilizou inteligência artificial para analisar dados históricos dos ativos e sugerir procedimentos otimizados.

Com isso, os planejadores e os programadores puderam focar em assuntos e em decisões estratégicas, enquanto a plataforma acelerou, taticamente, a elaboração detalhada dos planos e diminuiu o tempo necessário para organizar e priorizar as tarefas de manutenção.

Redução do tempo de execução das ordens de serviços

A digitalização das ordens de serviço e a introdução de dispositivos móveis permitiram uma redução média de 25 minutos no tempo de execução de cada ordem de serviço. Isso foi possível porque os técnicos passaram a registrar suas atividades diretamente no campo, sem necessidade de procurar por terminais fixos. Além disso, a capacidade de anexar imagens e áudios às ordens facilitou a documentação e a comunicação dos trabalhos realizados, ao tornar o processo mais ágil e preciso. A consulta instantânea de informações, como a disponibilidade de peças no estoque, também contribuiu para a eficiência na execução das tarefas.

Agilidade na abertura de solicitações de serviço

O tempo para abertura de solicitações de serviço foi reduzido em 14 minutos por nota, graças à integração do sistema de gestão com dispositivos móveis e QR codes.

Os técnicos podiam identificar, de forma rápida, os ativos e iniciar solicitações de serviços diretamente no local de trabalho, sem a necessidade de busca manual por informações, deslocamentos desnecessários e possíveis erros na identificação dos ativos. Essa mudança acelerou a resposta às demandas de manutenção, melhorou o fluxo de trabalho e permitiu que as intervenções fossem iniciadas de maneira mais rápida e organizada.

Outros ganhos indiretos

Além dessas melhorias, foram observados outros ganhos significativos, como a redução no tempo de trabalho efetivo necessário para concluir as intervenções (Wrench Time), o que se explica devido à melhor organização das tarefas e ao suporte oferecido pela tecnologia. Houve, também, um aumento no intervalo entre as manutenções preventivas, resultado da precisão do monitoramento contínuo e da análise preditiva.

CAPÍTULO 9 – CONSIDERAÇÕES FINAIS

A manutenção assistida representa uma evolução fundamental para a gestão de ativos, assim como para a engenharia de confiabilidade. Ao integrar as tecnologias avançadas, como inteligência artificial, internet industrial das coisas, servidores de armazenamento e realidade virtual, aumentada e mista, na interseção entre as Engenharias e a Administração, a manutenção deixou de ser um processo tático e reativo e tornou-se estratégico, proativo e preditivo. Processo este capaz de detectar e descrever soluções e deliberar sobre determinados assuntos, além de otimizar operações e viabilizar a confiabilidade monitorada e, consequentemente, potencializar a manutenção centrada na confiabilidade.

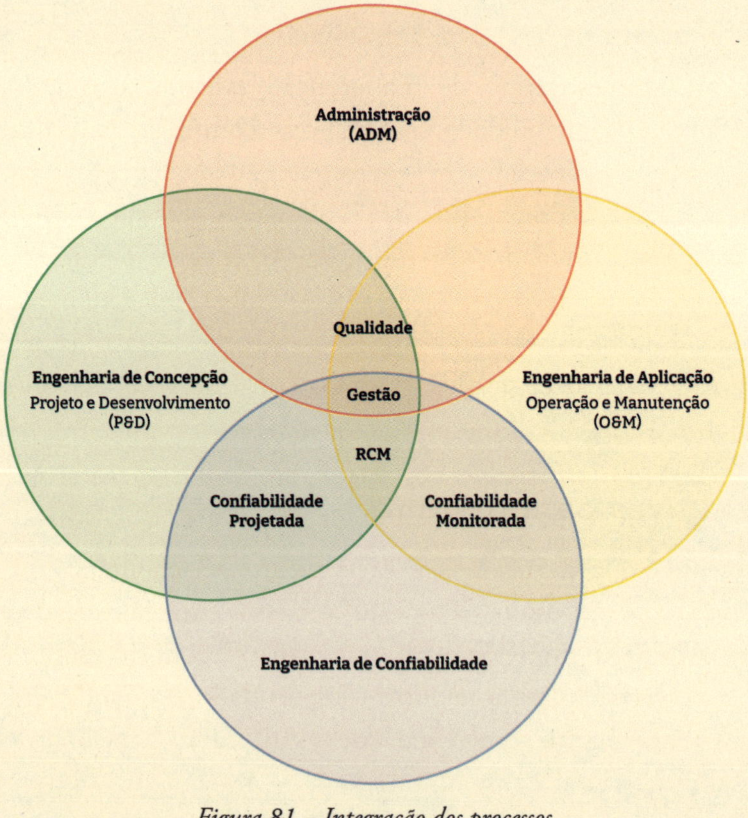

Figura 81 – Integração dos processos

Esses avanços não apenas melhoram a eficiência e a confiabilidade dos ativos, o que é uma diretriz de governança corporativa e uma boa prática de mercado, como também reduzem os custos operacionais, o impacto ambiental e atua, diretamente, no incremento do bem-estar e da qualidade de vida dos trabalhadores. Estes passaram a atuar de maneira mais estratégica e proativa, deixando na memória cenários reativos que mais se pareciam com um pesadelo.

Ao longo deste livro, discutimos como a transformação digital vem moldando a manutenção, desde as técnicas, táticas até as implicações estratégicas e filosóficas, com ênfase na importância da qualificação profissional e da adaptação contínua. A manutenção assistida não é apenas uma tendência, mas também uma necessidade no cenário industrial moderno, onde a eficiência produtiva e operacional, a qualidade, a sustentabilidade e a competitividade estão interligadas.

Adotar uma estratégia de manutenção assistida significa abraçar a inovação, a sustentabilidade e a melhoria contínua. Para o futuro, é imperativo que as organizações invistam não apenas em tecnologias avançadas, como também no desenvolvimento de uma cultura que valorize a análise de dados, a automação inteligente e a formação de profissionais capacitados para aplicarem e utilizarem essas ferramentas de maneira tática e estratégica. Assim, a manutenção assistida deixará de ser um diferencial para se tornar uma prática indispensável ao sucesso industrial.

Perspectivas para o futuro

À medida que avançamos para o futuro, a manutenção assistida continuará a se expandir, a evoluir e a enfrentar novos desafios e oportunidades. As empresas que abraçarem essa transformação estarão mais bem preparadas para garantir a longevidade e a confiabilidade de seus ativos, ao mesmo tempo em que contribuirão para um ambiente industrial mais seguro e sustentável.

Schumpeter argumenta que o capitalismo evolui através de um processo dinâmico de inovação, no qual novos produtos, novas tecnologias e novos modelos de negócios substituem os antigos, através de transformações que ele descreveu como a destruição criativa. Esses ciclos longos de inovação são contínuos e impulsionam o progresso econômico, mas, ao mesmo tempo, causam a obsolescência e o desaparecimento de produtos, empresas e segmentos inteiros (SCHUMPETER, 1942).

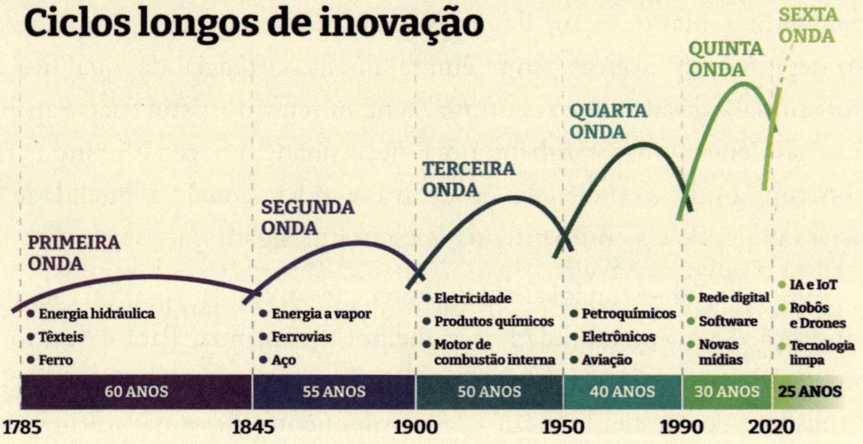

Figura 82 – Ciclos longos de inovação (Schumpeter)

Em última análise, a manutenção assistida não é apenas uma ferramenta de gestão, mas também o caminho para a inovação contínua e a excelência operacional, que nos conduzirá ao próximo ciclo de inovação.

Enfim, que este livro sirva como um guia de referência, uma integração, senão como uma inspiração, para todos aqueles que buscam liderar suas organizações rumo a um futuro mais eficiente, inteligente, sustentável e, principalmente, justo para todos.

Fauzi Mendonça & Igor Marinelli

REFERÊNCIAS

ALLEN, R. C. **The Industrial Revolution: A Very Short Introduction.** 1ª ed. Oxford: Oxford University Press, 2001. 144 p.

BACON, F. **Novum Organum, Or, True Suggestions for the Interpretation of Nature.** 1ª ed. [S.l.]: Routledge, 1800. 245 p.

BALL, A.; GU, L.; NIVEDHITHA, R. B. K. **Advances in Asset Management and Condition Monitoring.** 1ª ed. Cham: Springer, 2020. 525 p.

BERNERS-LEE, T. **Weaving the Web: The Original Design and Ultimate Destiny of the World Wide Web by Its Inventor**. 1ª ed. São Francisco: Harper San Francisco, 1999. 307 p.

BERNERS-LEE, T. **I invented the web. Here are three things we need to change to save it.** The Guardian, 12 mar. 2017. Disponível em: <https://www.theguardian.com/technology/2017/mar/11/tim-berners-lee-web-inventor-save-internet>. Acesso em: 12 jan. 2024.

BISHOP, C. M. **Pattern Recognition and Machine Learning.** 1ª ed. New York: Springer, 2006. 738 p.

BLANCHARD, B. S.; FABRYCKY, W. **Systems Engineering and Analysis.** 5ª ed. Upper Saddle River: Prentice Hall, 2010. 944 p.

BLOOM, N. B. **Reliability-Centered Maintenance (RCM) – Implementation Made Simple.** 1ª ed. New York: Mcgraw-Hill Education, 2005. 312 p.

BRYNJOLFSSON, E.; MCAFEE, A. **The Second Machine Age: Work, Progress, and Prosperity in a Time of Brilliant Technologies.** 1ª ed. New York: W.W. Norton & Company, 2014. 336 p.

CAMPBELL, J.; JARDINE, A. K. S.; MCGLYNN, J. **Asset Management Excellence: Optimizing Equipment Life-Cycle Decisions.** 2ª ed. Boca Raton: CRC Press, 2010. 496 p.

CARVALHO, N. **Mais marketing, menos guru.** 1ª ed. São Paulo: DVS EDITORA, 2024. 232 p. Disponível em: <https://www.youtube.com/watch?v=BkRn40CC9P4>. Acesso em: 31 ago. 2027.

CHUI, M.; COLLINS, M.; PATEL, M. **The Internet of Things: Catching Up to an Accelerating Opportunity.** McKinsey & Company, p. 83, 18 fev. 2021. Disponível em: <https://www.mckinsey.com/>. Acesso em: 18 fev. 2024.

CLEARVUE HEALTH, C. H. **Artificial Intelligence in Medicine: Comparing Human Doctors and AI in Diagnosing Cancer.** Clearvue Health Reports. San Diego. 2021.

COMISSÃO DE ESTUDO DE CONFIABILIDADE, C.- -C. B. D. E. **ABNT NBR 5462.** NOV 1994. ed. Rio de Janeiro: ABNT – Associação Brasileira de Normas Técnicas, 1994. 37 p.

COMITÊ GESTOR DA INTERNET NO BRASIL, C. B. **Manipulação de dados e notícias falsas põem internet em xeque.** https: //cgi.br/, 2018. Disponível em: <https://nic.br/noticia/na-midia/manipulacao-de-dados-e-noticias-falsas-poem-internet-em-xeque/>. Acesso em: 12 abr. 2018. Comitê Gestor da Internet no Brasil.

CORTADA, J. W. **The Digital Hand: How Computers Changed the Work of American Manufacturing, Transportation, and Retail Industries.** 1ª ed. New York: Oxford University Pres, 2003. 512 p.

CRUISE. **Cruise Safety Report,** 09 set. 2024. Disponível em: <www.cruise.com/safety-report>. Acesso em: 09 set. 2024.

CULLEN, J. M.; ALLWOOD, J. M. **Theoretical efficiency limits for energy conversion devices.** Energy, Amsterdã, volume 35, n. edição 1, maio 2010. 2069 p.

DESCONHECIDO, A. Papel. **Ditado popular.**

DHILLON, B. S. **Engineering Maintenance: A Modern Approach.** 1ª. ed. Boca Raton: CRC Press, 2002. 366 p.

EBELING, C. E. An **Introduction to Reliability and Maintainability Engineering.** 2ª ed. Long Grove: Waveland Press, Inc., 2019. 656 p.

FEENBERG, A. **Transforming Technology: A Critical Theory Revisited**. 2ª ed. New York: Oxford University Press, 2002. 232 p.

FREEBERG, E. **The Age of Edison: Electric Light and the Invention of Modern America. 1ª ed.** New York: Penguin, 2013. 368 p.

GALAR, D.; KUMAR, U. **Smart Maintenance: Predictive Models and Maintenance Management.** 1ª ed. Cambridge: Academic Press, 2017. 498 p.

GATES, B. **The Road Ahead.** 1ª ed. Nova York: Viking Penguin, 1995. 288 p.

GILCHRIST, A. **Industry 4.0: The Industrial Internet of Things.** 1ª ed. Berkeley: Apress, 2016. 304 p.

GLEICK, J. **The Age of Analog: How the 20th Century Shaped the Digital Future.** 1ª ed. New York: Oxford University Press, 2020. 320 p.

GULATI, R. **Maintenance and Reliability Best Practices.** 1ª ed. Boca Raton: CRC Press, 2009. 294 p.

GULATI, R. **Maintenance and Reliability Best Practices.** 2ª ed. Lilburn: Industrial Press Inc., 2013. 462 p.

HAFNER, K.; LYON, M. **Where Wizards Stay Up Late: The Origins of the Internet.** 1ª ed. Nova York: Simon & Schuster, 1996. 304 p.

HIGGINS, L. R.; MOBLEY, K. **Maintenance Engineering Handbook.** 8ª ed. New York: McGraw-Hill Education, 2013. 1250 p.

HOBSBAWM, E. J. **The Age of Revolution: Europe 1789-1848.** 1ª ed. New York: Vintage Books, 1996. 356 p.

HOUNSHELL, D. A. **The Ford Motor Company and the Rise of the American Industrial Economy.** 1ª ed. Nova York: W.W. Norton & Company, 1984. 496 p.

HUGHES, T. P. **Networks of Power: Electrification in Western Society.** 1ª ed. Baltimore: Johns Hopkins University Press, 1983. 474 p.

ILHA DAS FLORES. Direção: Jorge Furtado. Produção: Giba Assis Brasil. Intérpretes: Furtado Jorge. Porto Alegre: Casa de Cinema de Porto Alegre. 1989.

JACOBSEN, A. **The Pentagon's Brain: An Uncensored History of DARPA, America's Top-Secret Military Research Agency.** 1ª ed. Nova York: Little, Brown and Company, 2015. 528 p.

JOHNSON, S. B. **The Rise and Fall of the Electronic Revolution:** 1900-1950. 1ª ed. Cambridge: The MIT Press, 2016. 304 p.

JONNES, J. **Empires of Light: Edison, Tesla, Westinghouse, and the Race to Electrify the World.** 1ª ed. New York: Random House, 2003. 433 p.

KUHN, T. S. **The Structure of Scientific Revolutions.** 2ª ed. Chicago: University of Chicago Press, 1970. 261 p.

LEWIS, T. L. S. **Maintenance Management: A Human Factors Approach.** 1ª ed. Oxford: Butterworth-Heinemann, 1999. 350 p.

LIKER, J. K. **The Toyota Way: 14 Management Principles from the World's Greatest Manufacture.** 1ª ed. Nova York: McGraw-Hill Education, 2004. 368 p.

LUTZ, K. **The Age of Mercantilism: A History of the European Economy.** 1ª ed. New York: Routledge, 2020. 216 p.

MICHAELIS, D. Manutenção. **Michaelis On-line**, São Paulo, 2024. Disponível em: <https://michaelis.uol.com.br/busca?r=0&f=0&t=0&palavra=manuten%C3%A7%C3%A3o>.

MITCHELL, W. J. **The Age of the Internet: 1969-1999.** 1ª ed. Cambridge: The MIT Press, 2001. 344 p.

MOBLEY, K. R. An **Introduction to Predictive Maintenance.** 2ª ed. Amsterdam: Elsevier, 2002. 426 p.

MOBLEY, K. R. **Maintenance Engineering Handbook.** 4ª ed. Nova York: McGraw-Hill Education, 2004. 1.632 p.

MOTORS, T. Manual do proprietário da Model S 2021+. **MOTORS, Tesla**, 18 mar. 2024. Disponível em: <https://www.tesla.com/ownersmanual/models/pt_pt/>. Acesso em: 18 mar. 2024.

MOUBRAY, J. **RCM II – Reliability-Centered Maintenance.** 2ª ed. Nova York: Industrial Press, 1997. 321 p.

MURRAY, C.; COX, C. B. **Apollo**: **The Race to the Moon.** 1ª ed. New York: Simon & Schuster, 1989. 512 p.

NAKAJIMA, S. **Total Productive Maintenance: A Practical Approach.** 1ª ed. Nova York: Productivity Press, 1988. 237 p.

NHTSA, N. H. T. S. A. **Fatality Analysis Reporting System (FARS) Annual Report.** National Highway Traffic Safety Administration, 2022. Disponível em: <https://www.nhtsa.gov>. Acesso em: 09 set. 2024.

NORMANN, R. **Service Management: Strategy and Leadership in Service Business.** 3ª ed. Chichester: John Wiley & Sons, 2000. 320 p.

NOVAES, H. T.; DAGNINO, R. **O Fetiche da Tecnologia.** Revista ORG & DEMO, Campinas, 20 jan. 2022. 209. Disponível em: <https://revistas.marilia.unesp.br/index.php/orgdemo/article/view/411>.

NYE, D. E. **Electrifying America: Social Meanings of a New Technology.** 1ª (ilustrada). ed. Cambridge: The MIT Press, 1990. 344 p.

O'BRIEN, P. T**he Second Industrial Revolution: A New Beginning.** 1ª ed. London: Routledge, 2016. 218 p.

O'CONNOR, P. D.; KLEYNER, A. **Practical reliability engineering.** 5ª ed. Chicester: John Wiley & Sons, Ltd, 1995. 512 p.

PIRES, J. G. **Desinformação, Infodemia, Discurso de Ódio, e Fake News.** 1ª ed. Ouro preto: Jorge Guerra Pires, v. 1, 2023. 132 p. Acesso em: 01 dez. 2023.

PLANT, J. **Total Productive Maintenance: Proven Strategies and Techniques to Keep Equipment Running at Maximum Efficiency.** 1ª ed. Nova York: Productivity Press, 2000. 280 p.

Reliability and Maintainability Standard for Spaceflight and Ground Systems. NASA Office of Safety and Mission Assurance. [S.l.], p. 52. 2008.

Reliability Program for Systems and Equipment Development and Production. United States of America Department of Defense. Washungton, DC, p. 90. 1980.

Safety Management Manual (SMM) – Doc 9859. ICAO – International Civil Aviation Organization. Montreal, p. 299. 2013.

SCHUMPETER, J.. **Capitalismo, socialismo e democracia.** 1ª ed. New York: Harper & Brothers, 1942. 431 p.

SCHWAB, K. **The Fourth Industrial Revolution: World Economic Forum.** 1ª ed. New York: Crown Business, 2016. 192 p.

SHAPIN, S. **The Scientific Revolution.** 1ª ed. Chicago: University of Chicago Press, 1996. 218 p.

SMITH, D. M. **Risk-Based Asset Management: A Guide to Risk-Based Asset Management Techniques and Tools.** 1ª ed. Amsterdam: Elsevier, 2012. 208 p.

STUDENTS. CMU SCS **Coke Machine Home Page.** Carnegie Mellon University, 1982. Disponível em: <https://www.cs.cmu.edu/~coke/>. Acesso em: 22 jul. 2024.

TESLA, I. Tesla Vehicle Safety Report. **Tesla Vehicle Safety Report,** 2024. Disponível em: <https://www.tesla.com/VehicleSafetyReport>. Acesso em: 09 set. 2024.

TOPOL, E. **Deep Medicine: How Artificial Intelligence Can Make Healthcare Human Again.** 1ª ed. New York: Basic Books, 2019. 400 p.

UNIVERSITY OF CALIFORNIA, L. A. **Leonard Kleinrock's page on the UCLA website.** University of California (UCLA), 1969 out. 29. Disponível em: <https://www.lk.cs.ucla.edu/index.html>. Acesso em: 12 jan. 2024.

WILLIAMS, J. B. **The Electronics Revolution: Inventing the Future.** 1ª ed. Cambridge: Cambridge University Press, 2017. 280 p.

ÍNDICE DE ILUSTRAÇÕES

QUALITYMARK

Entre em sintonia com o conhecimento.

Qualitymark Editora Ltda.

(21) 98198-9089

(21) 98198-9843

sac@qualitymark.com.br

DADOS TÉCNICOS

Formato	16 x 23cm
Mancha	12 x 19 cm
Fonte	Adobe Garamond Pro
Corpo	12
Entrelinhas	16
Total de Páginas	204
1ª Edição	2025